# ENTRETIENS FAMILIERS

## SUR

## L'ADMINISTRATION DE NOTRE PAYS

---

# LE BUDGET

## — REVENUS ET DÉPENSES DE LA FRANCE —

CHATEAUROUX. — TYPOGRAPHIE A. NURET ET FILS.

ENTRETIENS FAMILIERS

SUR

L'ADMINISTRATION DE NOTRE PAYS

---

# LE BUDGET

## REVENUS ET DÉPENSES DE LA FRANCE

PAR

## MAURICE BLOCK

MEMBRE DE L'INSTITUT

TROISIÈME ÉDITION

PARIS

BIBLIOTHÈQUE DES JEUNES FRANÇAIS

J. HETZEL ET CIE, 18, RUE JACOB

# TABLE DES MATIÈRES

# PRÉFACE

---

*Budget,* dit-on, vient du vieux français *boulgette,* mot qui signifiait : petite bourse. — Petite bourse est devenue grande, car par le terme de budget on désigne aujourd'hui la grande bourse commune de la nation.

Mais ce n'est pas seulement par sa grandeur qu'elle est remarquable, cette bourse merveilleuse ; elle se distingue encore par cette particularité, que nous sommes tous appelés à y verser directement nos contributions, mais que nous ne pouvons rien y puiser ; une fois dedans, l'argent est sacré pour l'individu, la nation seule en dispose par le vote de ses mandataires.

Ne croyez par pour cela que votre argent est perdu. Oh non ! Il vous revient, vous en avez tout le profit, mais il vous revient transformé en services publics.

Comment s'opère cette transformation ? — Mais il n'y a là rien de mystérieux, vous y assistez tout le long de l'année. Depuis le mois de janvier, où le budget est déposé à la Chambre sous la forme d'un projet, jusqu'au mois de décembre où il est voté, il en est question nombre de fois dans les journaux, et les journaux ne sont ici que l'écho des délibérations de la Chambre ; il en est question à propos de tout : de l'école et de l'église, de la justice et de l'armée, des chemins de fer et de l'industrie, et de bien autres choses encore. Seulement, vous n'y faites peut-être pas assez attention.

Je pense surtout aux plus jeunes d'entre vous, qui n'ont pas encore eu le temps de pénétrer le mécanisme de cette chose compliquée qu'on appelle le budget.

C'est pour vous faciliter cette tâche que je publie les CONFÉRENCES que vous allez lire.

MAURICE BLOCK.

# ENTRETIENS FAMILIERS

### SUR

## L'ADMINISTRATION DE NOTRE PAYS

---

# LE BUDGET

— REVENUS ET DÉPENSES DE LA FRANCE —

---

# I

## INTRODUCTION

Un jour M. Duval, sa femme et son fils Henri, accompagnés de son neveu Gaston, en passant devant un mur couvert d'affiches, furent attirés par une feuille jaune sur laquelle était imprimé en gros caractères ce qui suit :

## QUATRE CONFÉRENCES

### SUR LE

# BUDGET

On se rapprocha et on lut que M. le professeur Albertin invitait le public en général, et surtout les jeunes gens, à suivre une série de quatre conférences dans lesquelles le professeur se proposait d'expliquer le budget des dépenses et le budget des recettes, ainsi que les diverses notions qui s'y rattachent. Ces quatre conférences s'étendraient :

1° Sur la formation et l'exécution des budgets ;

2° Sur le budget des dépenses ;

3° Sur le budget des recettes ;

4° Sur les accessoires et les compléments du budget.

L'affiche jaune indiquait ensuite la salle où les conférences devaient avoir lieu, les heures et jours, ainsi que le prix d'entrée. On comprend que les jeunes gens, Gaston et Henri, très désireux de compléter leur instruction administrative, demandèrent à assister aux conférences. M. Duval, loin de faire des objections, s'offrit même pour les accompagner, afin de pouvoir plus utilement prendre part aux conversations qui suivraient évidemment les conférences. Mme Duval promit de venir avec ces messieurs.

Gaston ayant sténographié les conférences, nous pouvons les donner à peu près *in extenso.*

———————

# II

## PREMIÈRE CONFÉRENCE

### DE LA FORMATION ET DE L'EXÉCUTION DU BUDGET.

La salle était pleine ; dans le public, les voisins échangeaient des observations, et les voix se fondaient en un sourd murmure. Tout d'un coup le silence s'établit, quelques *chut ! chut!* avertissent les distraits que le professeur venait de monter en chaire. Encore quelques instants, et une voix sonore se fait entendre en ces termes :

Mesdames et Messieurs,

Je n'ai pas à vous apprendre le sens du mot BUDGET. Il est des termes d'un emploi si fréquent qu'on en connaît bien vite la signification. Cependant, il arrive souvent qu'on n'en saisit pas le sens tout entier, qu'on en a plutôt une vague perception qu'une entente claire et nette. Il ne sera donc pas sans utilité de commencer par vous donner une définition du mot BUDGET, d'autant plus que je puis vous en offrir une qui est revêtue, d'un caractère officiel, puisqu'elle se trouve dans le décret du 31 mai 1862, qui réglemente la comptabilité publique. Selon ce décret (art. 5), budget est « l'acte par lequel sont prévues et autorisées les recettes et les dépenses annuelles de l'État et des autres services que les lois assujettissent aux mêmes règles. »

Cet article nous apprendrait au besoin, si nous ne le savions déjà, que l'État n'est pas seul à dresser une pareille prévision des recettes et des dépenses : les départements, les communes et tous les grands services et établissements publics y sont tenus, et généralement les entreprises privées, beaucoup de particuliers même, se soumettent volontairement à ce principe d'ordre, à cette règle fondamentale d'une sage administration. Mais ce qui est simple prudence pour ces derniers, une impérieuse nécessité, réglée par des lois, le commande à l'État, l'impose aux gouvernements.

En effet, Mesdames et Messieurs, tout État a des dépenses inévitables, indispensables ; j'aurai l'occasion dans une autre séance de vous les faire connaître avec plus de détails, je me borne aujourd'hui à vous rappeler qu'il est chargé de la défense du pays, de l'administration de la justice, du maintien de la sécurité et de mille autres soins. Or, pour faire des dépenses, il faut de l'argent ; comment l'État peut-il s'en procurer? combien lui en faut-il? et quel emploi doit-il en faire?

Ces questions se présentent dans tous les pays, et, à mesure que les populations se civilisent et que les gouvernements prennent une forme plus régulière, la manière d'y répondre devient à peu près la même partout. Il s'établit une loi fondamentale, la Constitution, interdisant toute dépense qui n'aura pas été votée par les représentants de la nation, par le parlement. Cette loi fondamentale interdit aussi, et à plus forte raison, toute recette qui ne serait pas autorisée par le vote de la représentation nationale. Généralement, les États ne tirent qu'un faible revenu de leurs propriétés, c'est aux contributions des citoyens, aux impôts, droits, taxes, — les mots diffèrent, mais la chose est à peu près la même, — qu'il faut avoir recours. Et si je dis que la chose est à peu près la même, je pense seulement à cette circonstance essentielle, que l'argent sort de la bourse des contribuables; je reconnais volontiers, — c'est si évident, — que ces contributions diffèrent par la forme. Mais cette forme même n'est pas arbitraire, car chaque procédé a ses avantages et ses inconvénients, et c'est à ceux qui payent ou à leurs représentants de dire ce qui leur convient le plus, ce qui les gêne le moins. Puisqu'on compare les impôts à une charge, on peut se représenter que les uns préfèrent la porter sur la tête, les autres sur l'épaule, d'autres sur le dos, et que d'autres encore aiment mieux diviser le fardeau pour le répartir entre la tête, les épaules, le dos, les bras et les mains à la fois.

Voilà donc pourquoi le parlement vote la prévision des recettes et des dépenses, dite le budget, ou la bourse commune.

Généralement aussi le budget est annuel. Il reste encore quelques petits États où on le vote pour deux ans ; les chambres sont alors obligées de beaucoup étendre leurs prévisious, ce qui a ses difficutés. Aussi, presque partout le vote ne s'applique qu'à une année, qui est la coupure de temps la plus naturelle qu'on pouvait choisir. Seulement, en France, l'année fiscale coïncide avec l'année civile, du 1er janvier au 31 décembre ; dans d'autres pays, comme en Angleterre et en Prusse, on a choisi l'année qui part du 1er avril pour finir le 31 mars ; dans d'autres encore, comme aux États-Unis, l'année fiscale commence le 1er juillet et finit le 30 juin suivant. Ces arrangements sans grande importance ont été faits pour la commodité des députés et un peu pour celle des fonctionnaires ; mais j'aime beaucoup mieux la coïncidence de l'année fiscale avec l'année civile, telle qu'on l'a maintenue en France ; cette coïncidence a ses avantages que je prise plus haut que tout ce qu'on pourrait dire en faveur des années fiscales à cheval sur deux années civiles.

Le seul argument un peu sérieux donné en faveur de cette année spéciale, c'est qu'en France, où l'année fiscale commence le 1er janvier, il faut préparer le budget une année à l'avance ; ailleurs on peut se mettre à cette besogne un peu plus tard. Si, à l'aide de ce retard, on faisait mieux que nous, alors, Mesdames et Messieurs, je dirais : *on* a raison. Mais *on* ne fait pas mieux que nous ; *on* ne prévoit pas mieux, *on* ne dépense pas moins, et *on* ne voit pas moins grossir tous les ans le budget.

Sur quoi sont fondées les prévisions ? Pour les recettes, naturellement sur les résultats de l'année qui vient de s'écouler; pour les dépenses, sur les mêmes résultats et sur les projets de changements qu'on peut avoir. Pour les recettes aussi des changements peuvent quelquefois être désirables : tantôt les revenus seront insuffisants, et il faudra se préoccuper des moyens de les élever ; tantôt ils rapporteront au delà de la somme prévue, et il faudra songer à dégrever le contribuable, à réduire les impôts trop productifs. Dès le commencement de l'année, dans chaque ministère, les chefs de service réunissent les matériaux de leur budget spécial ; le ministre prend une décision sur l'ensemble et il sait ainsi quel est le montant des sommes qu'il aura à demander au parlement. Quand les différents ministres ont ainsi préparé et fait mettre au net le budget de leur département, le budget est l'objet d'une discussion en conseil des ministres, sous la présidence du président de la République. Les ministres peuvent se faire mutuellement des objections, car ils sont responsables en commun, et il en est un parmi eux qui peut avoir le verbe plus haut que ses collègues, c'est le ministre des finances. Il peut leur dire : Mes chers collègues, vous avez le beau rôle dans le budget, vous ne faites que dépenser, vous versez à plaines mains les bienfaits dont vous avez puisé les éléments au Trésor. Aux objections qu'un député vous fait, vous pouvez souvent répondre : comment, vous voulez m'empêcher de semer mes bienfaits, de *donner ?* De donner un chemin à celui-ci, de donner une école à celui-là, de donner une augmentation de traitement, de donner un port, une église, un tableau ; de donner, toujours de donner. Mais moi, c'est tout différent : je *demande*, et je demande de l'argent, la chose que souvent les hommes aiment le moins accorder.

C'est à moi à justifier toutes ces demandes.

Le conseil des ministres finit, naturellement, par se mettre d'accord ; leurs propositions sont réunies en un gros volume qui est le « *Projet de Budget*[1] ».

C'est à ce moment que commence la besogne de la Chambre des députés. Elle a nommé une grande commission — 30 membres — dont c'est un honneur de faire partie, mais qui impose toujours un travail sérieux. Le budget est décomposé, on forme des sous-commissions ; chacune étudie un ministère, ou une question quelconque, nommé son rapporteur spécial, et il y a aussi un rapporteur pour l'ensemble du budget. Les rapports sont discutés, d'abord à la sous-commission, puis en réunion plénière de la commission du budget et adoptés ou modifiés. Ce travail se fait, ou doit se faire, en dehors des heures de séance de la Chambre. Pendant que la commission du budget poursuit son examen, les autres députés ne sont pas condamnés à une abstention complète. Beaucoup de ces messieurs ont leur idée : les uns demandent des retranchements, les autres des additions, ils en font l'objet d'un « amendement ». L'amendement est présenté à la commission ; le député s'y rend pour le défendre, et la commission l'adopte ou le rejette ; seulement ce rejet n'est pas toujours définitif. Les rapporteurs les mentionnent et motivent la décision de la commission. Souvent les minis-

1. Plus exactement : Projet de loi portant fixation du budget général de l'exercice... (on indique l'année).

tres eux-mêmes vont spontanément à la commission ou y sont appelés pour expliquer ou défendre leurs propositions.

Enfin, tous les rapports sont achevés, présentés à la Chambre des députés, imprimés, discutés en séance publique. Le travail de la commission du budget jouit naturellement d'une grande autorité, mais il n'est pas inattaquable ; la commission n'est pas infaillible. Aussi le ministre, et tous les auteurs d'amendements en appellent à la Chambre de la décision de la commission ; chacun fait valoir ses arguments, les rapporteurs parlent au nom de la commission, et assez souvent la Chambre réforme les décisions de la commission. Dans le plus grand nombre de cas, cependant, elle lui donne raison, et c'est naturel, car la commission a déjà entendu les observations présentées à la Chambre, et si elle ne les a pas adoptées, c'est qu'elle a eu des raisons contraires à faire valoir. C'est ainsi qu'on passe en revue, d'abord les dépenses, l'une après l'autre, puis successivement les recettes, et, après un vote d'ensemble, le budget à traversé sa principale étape.

Le budget arrive au Sénat. Après l'étude approfondie qu'il a subie à la Chambre des députés, la révision à opérer par le Sénat peut être plus courte, car il dispose naturellement des travaux préparatoires de la commission de la Chambre ; il a pu lire la discussion qui s'en est suivie, et il peut considérer comme acquis tout ce qui est conforme à ses vues. Il n'en nomme pas moins une commission des finances : les sénateurs proposent les amendements qu'ils croient utiles, ces amendements sont examinés et discutés comme à la Chambre. Le rapport du Sénat est généralement plus court, le rapporteur s'attachant de préférence aux points qui peuvent donner lieu à des observations, afin de les faire mieux ressortir. Si le Sénat approuve le budget tel que l'a voté la Chambre, le budget — qui n'est plus un « Projet », — mais qui n'est pas encore une loi, est terminé, le président de la République n'a qu'à le promulguer, et il reçoit le nom de « loi de finances ». Si le Sénat objecte à certains articles, le budget retourne à la Chambre, qui cède ou maintient. Si elle maintient son vote et le Sénat le sien, une commission mixte est nommée pour concilier les vues divergentes.

La *Loi de finances* est insérée au *Journal officiel* et au Bulletin des lois, c'est son acte de naissance ; sous ce nouveau nom, le budget aura à parcourir sa carrière, qui est d'une année, et avant que son acte de décès ne soit voté — cet acte s'appelle « le Règlement définitif » — il aura donné bien des préoccupations et bien du travail à toute une légion de fonctionnaires, le gouvernement en tête. Le législateur a fait son œuvre, il a accordé l'argent demandé, il a indiqué comment il fallait se le procurer, il a admis la liste des dépenses à faire, et maintenant il semble dire au gouvernement: j'ai fait ma besogne, faites la vôtre.

Et il ne tarde pas à s'y mettre. Ce sont les services des recettes qui commencent. Il est une catégorie d'impôts qu'on appelle les contributions directes et que nous retrouverons dans une autre conférence; ces contributions exigent beaucoup d'écritures; il faut faire la liste de tous les contribuables, inscrire le chiffre de l'impôt dont ils sont chargés, vérifier s'il n'y a pas eu de changement depuis l'année dernière, et les constater s'il y a lieu; cela s'appelle confectionner les matrices des rôles. Il faut que ces listes soient ensuite contrôlées, rendues exécutoires et enfin envoyées aux percepteurs qui recevront les paiements d'impôt effectués par les contribuables.

Comment faire pour que les percepteurs s'acquittent bien de leur tâche? Vous croirez peut-être, Mesdames et Messieurs, qu'il suffit de les bien choisir. Cela est bien difficile, quand il s'agit de 5,265 personnes; et d'ailleurs, il ne suffit pas de choisir des personnes à réputation intacte; on peut être honnête et paresseux, on peut être aussi honnête jusqu'à la 1re, 2e ou 3e tentation. On a donc pensé que le mieux serait de créer un mécanisme qui maintînt chacun dans le droit chemin, et lui évitât le plus possible les tentations, et qui, en même temps, le stimulât d'agir avec zèle. On y est parvenu : 1° en demandant aux percepteurs ou receveurs un cautionnement ; 2° en les obligeant à verser leurs fonds à court délai ; 3° en rendant leurs supérieurs responsables de leur gestion, et 4° en les déclarant immédiatement débiteurs de la somme totale à percevoir. Ce dernier point est un stimulant très actif pour faire rentrer les fonds, car le percepteur doit prendre toutes les mesures que la loi autorise ou prescrit pour contraindre le contribuable récalcitrant, et ce n'est qu'en prouvant que ce contribuable est dans l'impossibilité de payer que le percepteur est déchargé.

Le percepteur n'est pas le seul qui, malgré son cautionnement, soit soumis au contrôle et à la surveillance; son supérieur immédiat, le receveur de l'arrondissement l'est à son tour, et le trésorier-payeur général de chaque département ne l'est pas moins. Les receveurs des contributions indirectes y sont également soumis. On distingue même trois sortes de contrôles : 1° le contrôle administratif qui a lieu par un savant mécanisme, très compliqué, auquel contribuent la plupart des rouages du ministère des finances et qui offre à lui seul toutes les garanties désirables ; 2° le contrôle judiciaire, qui a lieu, pour les receveurs communaux, par le conseil de préfecture, et pour les comptables de l'État, par la Cour des comptes; 3° le contrôle législatif, qui comprend les recettes et les dépenses, qui s'appuie sur les comptes présentés par les ministères et qui aboutit à un vote du parlement; c'est le règlement définitif. Toute cette matière est régie par de volumineux règlements dont la connaissance approfondie constitue presque une science, celle de la *comptabilité publique*.

Aussi ne m'y arrêterai-je pas, car on ne l'apprend pas en quelques conférences; il faut, pour la bien connaître, une pratique de plusieurs années. Il nous suffit de savoir que la surveillance est incessante, qu'elle prend des formes variées et qu'elle a une sanction; les malversations sont sévèrement punies, et l'État s'est arrangé pour ne rien perdre par l'infidélité d'un fonctionnaire.

Voilà pour les services de la recette, abordons maintenant l'étude des services chargés des dépenses. Les services des dépenses! Mais quel service de l'État ne dépense pas? Je n'en connais pas. L'armée et la marine, la justice et l'instruction publique, les cultes, les travaux publics, la police constituent des dépenses. Le service des perceptions lui-même n'est pas gratuit, car il faut y consacrer tout son temps, et de quoi vivraient les fonctionnaires et employés, si on ne les rétribuait pas? Du reste, toutes ces dépenses ont été prévues par les Chambres, scrutées, souvent rognées et enfin votées.

Les sommes ainsi votées sont des *crédits* ouverts. C'est-à-dire que, pour chaque besoin déterminé de l'État, une somme jugée suffisante est mise à la disposition du ministre compétent ; voilà l'argent qu'il vous faut, semble-t-on dire, faites en l'emploi convenu, dans la limite du nécessaire, et n'oubliez pas que vous êtes responsable. Mais le législateur ne s'y fie pas outre mesure, il est même essentiellement défiant ; il faut dire que les hommes au pouvoir se défient quelquefois d'eux-mêmes, un peu aussi des tentations que peuvent subir leurs subordonnés, et ils ont organisé le contrôle, ou multiplié les freins. Et ces sages hommes d'État ont eu raison. La plus sublime prière ne demande-t-elle pas à Dieu de nous éviter les tentations ! Et qu'on ne croie pas qu'il s'agisse ici uniquement d'une tentation de s'approprier ce qui appartient à l'État, de mettre de l'argent dans sa poche. Cette grossière tentation est même la plus rare ; il y en a d'autres, plus avouables, qui sont précisément les plus dangereuses. Si les Chambres ont accordé 100,000 fr. pour bâtir une école et que le ministre en dépense sans rigoureuse nécessité 200,000, sa responsabilité peut être engagée. J'ai choisi avec intention un exemple où les fonds ont été employés pour un objet d'une utilité évidente et pour lequel des fonds avaient été votés. Où est la tentation ? Le ministre aura peut-être voulu doter sa ville natale d'un palais scolaire au lieu d'une simple maison d'école. Mais peu importe en ce moment le motif ou le prétexte de cet excédent de dépense, il est une autre question, Mesdames et Messieurs, qui doit avoir surgi dans votre pensée, et je m'empresse d'y répondre : vous voudriez savoir où, dans l'exemple que j'ai choisi, le ministre aura pris les 100,000 fr. qu'il aura dépensé au delà de ce qui a été prévu ?

D'après la législation en vigueur une seule supposition est possible : le chapitre du budget sur lequel la dépense était imputable avait ouvert un crédit, mettons de un million, pour dix écoles et le ministre n'en a fait bâtir que neuf. Au moment de rendre les comptes, le fait apparaît à la commission parlementaire, qui demande des explications. Si la commission est satisfaite des explications, c'est que le ministre a fait un emploi judicieux de sa responsabilité ; si elle n'est pas satisfaite, elle peut le blâmer, et le ministre perd sa haute position. C'est une sanction sérieuse, celle-là.

A d'autres époques, le ministre aurait pu faire un virement, c'est-à-dire qu'il aurait pu prendre 100,000 fr. sur un chapitre pour compléter la dépense imputable sur un autre; actuellement, les virements de chapitre à chapitre sont interdits, cela s'appelle la *spécialité* des chapitres. J'ai là, devant moi, le budget du ministère des travaux publics, je l'ouvre au hasard pour chercher un exemple, et je trouve ce qui suit :

Chap. 17. Navigation intérieure, rivières... 5,000,000 fr.

Chap. 18.      —          —       canaux.... 4,700,000 fr.

Eh bien, il ne peut pas être détourné un centime des 5 millions destinés aux rivières pour améliorer la navigation des canaux. Cela vous paraît rigoureux à cause de la parenté qu'il y a entre les canaux et les rivières ; mais, pour assurer l'exécution d'une règle, il faut la rendre absolue. Je vous dirai tout à l'heure comment on peut venir en aide aux canaux ; ce qu'il importe de savoir avant tout, c'est par quel moyen le ministre, ou l'ingénieur délégué, est empêché de dépasser les 4,700,000 fr. dont il dispose. Ce moyen est d'une simplicité extrême :·le payeur de l'État est tenu de lui refuser l'argent. Voici comment les choses se passent. Un travail est fait, il coûte 100,000 fr. L'entrepreneur soumet ses justifications à l'ingénieur, et, vérifications faites, un mandat est dressé et signé par qui de droit ; le mandat indique toujours le chapitre sur lequel la dépense est imputable. L'entrepreneur apporte à la caisse son mandat et les autres pièces exigées;

le payeur vérifie si tout est en règle. S'il s'agit de travaux de canaux et que le crédit n'est pas épuisé, le trésorier paye, car il est couvert ; mais, si le crédit est épuisé, s'il n'y a pas 100,000 fr. de disponibles au crédit de l'art. 18, eût-il des millions en caisse, il refuserait le payement, car ce serait à ses dépens. Voilà bien un frein très sérieux. Ce refus doit être rare dans la pratique, car l'ingénieur qui provoque le payement inscrit de son côté les mandats qu'il fait dresser, et il s'arrête à temps. Du reste, il a fait son petit budget dès le commencement de l'année et ne marche pas à l'aveugle.

Je puis maintenant vous dire comment on s'y prendrait si l'on trouvait que le crédit est réellement insuffisant ; cela peut arriver sans qu'il y ait de la faute de personne. Il est des cas aussi où une dépense non prévue au budget devient urgente ; la dépense ne pouvant être faite sans autorisation, faut-il que le service public en souffre ? Cela n'est pas nécessaire. Si le parlement siège, le gouvernement lui demande, par un projet de loi, soit un crédit supplémentaire, soit un crédit extraordinaire. Il n'est pas nécessaire de vous dire, Mesdames et Messieurs, que le crédit supplémentaire vient augmenter un chapitre existant, tandis que le crédit extraordinaire établit un chapitre nouveau. Par exemple, il s'agirait de venir en aide à des inondés, il faudrait un chapitre, l'inondation pouvant ne pas avoir été prévue. Si le parlement ne siège pas au moment où l'insuffisance de fonds, où la nécessité d'ouvrir un crédit se fait sentir, le gouvernement prend la mesure sur lui et ouvre des crédits par décret. L'autorisation d'ouvrir des crédits lui est renouvelée chaque année sous deux conditions : l'une, qu'on n'ouvrira les crédits supplémentaires et extraordinaires que pour les chapitres indiqués dans un annexe à la « loi de finances »; l'autre, que les crédits seront soumis aux Chambres à l'ouverture de la plus prochaine session. La nécessité d'obtenir l'approbation du parlement suffirait, si nos hommes d'État n'avaient pas déjà en eux-mêmes la mesure du juste, du convenable et du possible pour les empêcher d'abuser de leurs pouvoirs; aussi les crédits ouverts pard écrets ont-ils toujours été ratifiés, du moins autant que je me le rappelle; mais, en droit, un crédit non approuvé serait à la charge de celui qui l'aurait indûment ouvert [1]. Il est vrai que, si le ministre n'était pas assez riche pour rembourser la somme, ce serait à l'État de payer; les tiers, les simples particuliers, ne pourraient pas en souffrir; l'État porterait la responsabilité de la faute commise par son serviteur.

1. Indûment veut dire : ouvert sur un chapitre autre que ceux qui se trouvent sur la liste dont il vient d'être question.

Nous venons de voir ce qui a lieu, ou peut avoir lieu, si les crédits votés au budget sont insuffisants. Assez souvent aussi un service est trop bien doté ou telle dépense peut être entravée par une circonstance spéciale. Les fonds qui restent à la fin de l'année, sauf quelques exceptions, cessent d'être à la disposition du gouvernement ; si l'on n'en a plus besoin, ils sont annulés ; si la dépense est restée nécessaire, les fonds sont reportés au budget suivant.

Nous arrivons ainsi à parler d'un principe très salutaire de notre comptabilité : chaque année forme un « exercice » ; à la fin de l'année l'exercice est clos. Seulement les opérations qui s'y rattachent peuvent encore être prolongées pendant un certain délai, matériellement indispensable. Supposé qu'un travail commandé pour le service de l'État soit livré le 31 décembre ; il faudra souvent faire vérifier le travail, il faudra réunir les pièces justificatives et dresser un mandat de payement. Ce mandat n'est acquitté au Trésor qu'au bout de dix jours — du moins le Trésor a la faculté de s'attribuer un délai de dix jours ; le créancier peut attendre plus longtemps s'il le veut. — J'ai supposé qu'on livre le 31 décembre de l'année qui donne son nom à l'exercice ; mais on peut aussi n'avoir livré que le 15 janvier suivant ; l'objet a été commandé l'année dernière, et les fonds y sont prévus. Seulemement, si l'on accorde un délai, il a sa limite ; il faut que les créanciers soient payés le 31 juillet ; les mandats doivent avoir été rédigés avant cette date. Si le créancier vient le 1er août, on lui dit : Trop tard... pour cet exercice... trop tôt pour l'exercice suivant. Vous serez payé, bien entendu : l'État français paye toujours ce qu'il doit ; mais maintenant vous attendrez que les formalités prescrites pour le report du crédit aient été accomplies. Ce retard, vous devez l'imputer à votre négligence, ou, peut-être, à quelque empêchement légitime ; mais moi, payeur, je ne puis que me conformer aux règlements.

Vous voyez, Mesdames et Messieurs, que j'avais raison de vous présenter la comptabilité publique comme une science. Il serait encore permis de la comparer à la serrure savamment compliquée d'un coffre-fort que le légitime propriétaire ou ses délégués savent seuls régulièrement ouvrir. Aucun étranger ne peut s'emparer de son contenu autrement qu'en transgressant les lois et en s'exposant à leur vindicte.

# III

## Conversation sur la première Conférence.

La famille Duval avait été vivement intéressée par la conférence. Mme Duval avait surtout été frappée par les services que rend une bonne comptabilité. Ah ! si l'on pouvait trouver un système de comptabilité culinaire qui empêchât l'anse du panier de danser ! Mme Duval, en bonne ménagère, inscrivait ses dépenses ; mais elle était forcée de reconnaître qu'il n'y avait pas de rapports assez intimes entre son livre de comptes et l'anse du panier, non qu'elle eût précisément à se plaindre de sa cuisinière, qui est une honnête fille, mais enfin, il serait bon, si... et et ainsi de suite, car la bonne dame entrait volontiers dans des explications très développées et très approfondies sur ces matières.

Mais tel n'était pas le goût de ces messieurs, qui écoutaient seulement par déférence et guettaient le moment où, par une manœuvre habile, ils pourraient donner un autre tour à la conversation. L'occasion se présenta, Gaston la saisit au vol.

« Il n'y a pas que la comptabilité, dit-il, qui soit savamment combinée ; tout le mécanisme du contrôle se tient admirablement ; ce qui me paraît surtout bien entendu, c'est la spécialité du chapitre, c'est comme si l'on disait, la spécialité du crédit.

— C'est, en effet, presque la même chose, parce que les chapitres ne renferment généralement qu'un seul objet ; mais il est des chapitres qui sont divisés en articles, chaque article étant un objet différent, souvent sans rapport avec les autres.

— Et pourquoi n'en a-t-on pas fait des chapitres à part ?

— Parce que cela n'en valait pas la peine. Il ne faut jamais rien pousser à l'extrême. Il ne faut pas prendre de mesures ou établir d'organisation rien que pour gêner le fonctionnaire, pour limiter ses pouvoirs, ni non plus rien que dans un intérêt de disposition symétrique, disposition qui ressemble beaucoup à la logique, mais sans être toujours dans la logique vraie.

— Ni symétrie, ni logique ? demanda Henri.

— Ni symétrie à outrance, ni logique abstraite[1], répondit M. Duval. Seulement, ce n'est pas de cela qu'il s'agit en

---

1. La logique abstraite à laquelle pense M. Duval ne tient compte que d'un seul ordre de faits et fait abstraction de toutes les influences collatérales, si l'on peut dire ainsi.

ce moment ; il ne s'agit que de tracer les règles nécessaires au bien du pays. Il y eut des temps où l'on croyait qu'une somme mise à la disposition du gouvernement pouvait être employée par ce dernier comme il l'entendait. C'est cette erreur qu'il fallait extirper. Quand le pays consentait à donner un million pour ceci, il ne le donnait pas pour cela. Cette erreur n'existe plus ; maintenant il n'y a plus qu'à mesurer le degré de latitude qu'on doit laisser à l'administration relativement à l'imprévu.

— J'ai regretté, dit Henri, que le conférencier ne nous ait pas donné plus de détails sur la répartition des impôts, lorsqu'il a parlé des services de perception.

— Mon fils, une conférence n'est pas un livre ; encore est-il des points qu'il pourra nous dire dans une autre conférence, et d'autres qu'il jugera ne pas entrer dans son cadre. Je vais en attendant en toucher un mot, cela ne nuira pas.

« Il y a deux manières de procéder, elles se tiennent tellement que parfois elles semblent former un cercle vicieux. Ainsi on distingue les impôts de quotité des impôts de répartition en disant, sous une forme ou une autre, que, dans les impôts de répartition, on commence par en haut, et que, pour les impôts de quotité, on commence par en bas.

— Qu'est-ce qui est ici en haut et en bas ?

— La question n'est pas mauvaise, mais il est facile de répondre : en haut c'est le parlement, en bas, c'est le contribuable. Mettons que le gouvernement ait démontré aux Chambres la nécessité de voter une contribution de 100 millions. Si maintenant les Chambres déterminent combien chaque département doit contribuer à ces 100 millions, un premier degré de répartition a eu lieu. Si ensuite, dans chaque département, le conseil général fait la répartition entre les arrondissements, de même le conseil d'arrondissement entre les commmunes, et dans chaque commune, les répartiteurs entre les contribuables, j'ai le droit de dire qu'on commence par en haut, c'est l'autorité la plus élevée qui ouvre la série, et puis l'opération descend les degrés de la hiérarchie politico-administrative.

— Ce qui est le plus difficile, dit Gaston, c'est la répartition entre les contribuables.

— Sans doute. C'est même là la seule difficulté, et elle est grande ; tout le reste est de la pure arithmétique qu'un bon élève d'école primaire peut faire. Comment savoir ce que chacun doit payer ? C'est le problème capital en finance.

— Chacun doit payer ce qu'il peut, dit Henri.

— Chacun doit payer selon ses facultés, ajoute Gaston.

— La loi le dit et elle a indiqué des moyens pour y par-

venir aussi bien que possible. Supposons qu'on ait dressé
une liste de citoyens et qu'à côté de chaque nom on ait
posé un chiffre représentant ses « facultés », terme qui
peut vouloir dire : le montant de son revenu. Mais, puisque nous avons cette liste, faite pour terminer la série des
opérations qui a commencé par en haut, servons-nous-en
pour commencer par en bas.

— Et comment ?

— Patience, vous allez voir. Que demande l'État au
contribuable, si ce n'est de verser au Trésor une partie de
son revenu pour les besoins communs ? Évidemment la
plus stricte égalité doit régner entre les contribuables, on
ne peut pas demander à l'un 5 0/0 de son revenu, et à l'autre 10 0/0. Supposons qu'on demande 5 0/0. On va donc
demander à chaque citoyen 5 0/0 de son revenu, cela fera
tant dans la commune ; remontant l'échelle on addition-
nera les chiffres des communes pour connaître le produit
des arrondissements ; on réunira les chiffre des arrondissements pour connaître le produit des départements ; et
les produits des départements, totalisés, forment le montant de l'impôt perçu par l'État. Qui a payé ? Tout le
monde, chacun a fourni sa quote-part. — C'est l'impôt de
quotité. — Combien est-ce ? — Nous n'en savons rien,
comptons.

« Voici ce qu'on reproche à l'impôt de quotité : on ne sait pas d'avance ce qu'il produira, tandis qu'on le sait en créant un impôt de répartition.

— Mais il me semble, dit Gaston, que...

— Je devine l'objection que tu vas présenter, il y en a même plus d'une à faire, laisse-moi seulement compléter ma pensée ; on ne sait pas ce que produira l'impôt de quotité, soit, mais l'expérience a montré que l'impôt de quotité produira toujours plus qu'on a espéré et qu'il ne cesse de s'accroître, tandis que l'impôt de répartition est toujours et forcément stationnaire. On a voté cent millions, on ne peut pas en percevoir davantage.

« Pose ta question maintenant, Gaston.

— Tu as raison, mon oncle, j'avais plusieurs questions à poser ou plusieurs objections à faire.

— J'en sais une ! s'écria Henri.

— Laquelle ? demanda Gaston.

— La voici. Mon père a parlé de l'impôt sur le revenu, tandis que nous avons pour le remplacer quatre taxes différentes ; la contribution foncière, la contribution personnelle-mobilière, les portes et fenêtres et la patente.

— C'est en effet ma première objection, dit Gaston.

— Elle n'est pas forte, fit remarquer M. Duval : il est évident que j'ai pris l'impôt sur le revenu, dont les autres impôts ne sont que des démembrements, qu'à cause de sa simplicité. Un exemple doit être simple pour qu'on le saisisse bien. — Voyons ton autre objection, Gaston.

— Moi-même, je n'y attachais pas d'autre importance, je voulais seulement montrer que la question est plus compliquée qu'elle n'en a l'air. Je tiens davantage à l'observation suivante. L'hypothèse de mon oncle suppose qu'on ignore le montant des revenus des contribuables ; ce montant, on le connaît, on croit le connaître, et rien n'empêche de demander au pays cent millions et de commencer par en bas. Supposons que l'ensemble des revenus particuliers fût de 2 milliards, on décréterait un impôt de 5 0/0, et le produit serait de 100 millions, on n'aurait pas besoin de faire répartir l'impôt d'abord par le parlement, puis par le conseil général, le conseil d'arrondissement, etc.

— Je ne demanderais pas mieux qu'on s'y décidât, répondit M. Duval, sans me dissimuler qu'on aurait bien des difficultés à vaincre. La plus grande est d'ordre moral : les listes de revenu qu'on possède ne sont pas établies d'après d'assez bons procédés, pour que chacun fût réellement imposé selon ses facultés ; dans tels départements les revenus sont évalués trop haut, dans tels autres trop bas...

— Et pourquoi ne les égalise-t-on pas ?

— On le voudrait bien, mais on rencontre trop de résistance. On peut bien diminuer ceux qui sont surchargés, ils ne s'y opposent aucunement ; mais, si l'on veut toucher à ceux qui ne payent pas assez, les oppositions deviennent violentes et obstinées. Cette situation dure depuis longtemps. On a allégé, par diverses mesures, les charges les plus fortes, et on s'est rapproché un peu de l'égalité. Dans la répartition par départements qui se fait à la Chambre, on en a pu tenir compte dans une certaine mesure et atténuer le mal, voilà ce qu'on peut dire en faveur de l'impôt de répartition.

« Il y a encore un autre argument à faire valoir en sa faveur, c'est qu'il faut, en tout cas, que le total se retrouve ; aussi ajoute-t-on un centime par franc pour couvrir les non-valeurs. Il est vrai que rien n'empêche d'ajouter un centime aux impôts de quotité. Je m'arrête, car je suis si convaincu de la supériorité des impôts de quotité sur les impôts de répartition, que j'aurai sans doute plus d'une occasion d'y revenir. »

# IV

## DEUXIÈME CONFÉRENCE

### LES DÉPENSES DE L'ÉTAT.

Mesdames et Messieurs,

Dans la précédente conférence j'ai mentionné en passant les dépenses de l'État, et je n'avais pas de peine à vous démontrer leur nécessité ; votre conviction, sur ce point, était faite, j'en suis sûr, de longue date. Aujourd'hui ma tâche consiste à vous faire faire plus ample connaissance avec ces dépenses, sans prétendre mettre sous vos yeux l'ensemble des détails dont elles se composent. Peut-être, si je pouvais vous nommer tous ces détails, rencontreriez-vous plus d'une dépense dont la nécessité ne vous serait pas démontrée, et la conviction formée par un coup d'œil sur l'ensemble serait parfois ébranlée par le doute ; mais il ne faudrait pas s'abandonner à ce dissolvant. N'oublions pas que l'État aussi, comme la commune, a des dépenses obligatoires et des dépenses facul-

tatives : pour la commune, la loi établit la distinction
entre ces deux catégories de dépenses ; pour l'État, elle
repose sur la nature des choses. La dette publique, par
exemple, impose certainement à l'État une dépense obligatoire, tandis que construire telle route, acheter tel tableau, bâtir telle école, ce seront le plus souvent des
dépenses facultatives. Où s'arrête l'obligatoire et où commence le facultatif, c'est là un point difficile à détermi-
ner ; d'ailleurs, la ligne de démarcation doit changer
selon les vues de l'observateur et selon la coïncidence des
faits, selon les conjonctures. Ce qui est facultatif aujour-
d'hui, peut devenir obligatoire demain. Il y a aussi des
degrés dans le facultatif, de sorte qu'on ne doit porter un
jugement sur ces matières qu'après y avoir suffisamment
réfléchi et sans se laisser influencer par des appréciations
intéressées ou inspirées par des préjugés.

Tenez, Mesdames et Messieurs, un exemple vous fera
comprendre ma pensée. On entend souvent se plaindre de
l'accroissement continuel des dépenses, et je ne prétends
nullement que ces plaintes soient sans aucun fondement.
On ne se retient pas assez sur la pente, car il y a pente,
et elle est glissante. Mais il serait souvent injuste de dire
que tel ou tel gouvernement est plus enclin que d'autres
aux dépenses exagérées. Tous les ministres des finances

redoutent l'œil scrutateur des commissions du budget ;
néanmoins dans tous les pays les budgets grossissent :
c'est qu'avec le progrès de la population, le développe-
ment de la civilisation et les évolutions de l'histoire,
les besoins s'étendent et se multiplient, et, que nous le
voulions ou non; nous sommes tenus de suivre le mouvement. La moralité de cet exemple est qu'en critiquant
les actes des hommes, il faut savoir distinguer entre ce
qui est leur faute et ce qui est celle de la nature des choses.

Abordons maintenant, Mesdames et Messieurs, plus directement le sujet que nous avons à étudier : les dépenses
inscrites au budget, et, pour faciliter vos études ulté-
rieures, suivons l'ordre des matières que nous trouvons
dans le document officiel. Le très gros volume bleu que
vous voyez ouvert devant moi est le projet du budget
de 1881, je lui emprunterai les chiffres que j'aurai à vous
citer. Ces chiffres changent un peu d'une année à l'autre,
que dis-je ! ils changent souvent dans la même année ; la
dépense effectuée n'est pas toujours égale à la dépense
prévue; mais les différences ne sont pas assez grandes
pour infirmer en quoi que soit les observations que pour-
ront m'inspirer les chiffres attribués à l'année 1881.

Nous commençons donc par le ministère des finances ;
c'est lui qui est chargé, outre les dépenses relatives aux

services fiscaux, de tous les paiements à faire au nom de l'État. Nous rencontrons en 1re ligne la *dette publique*. Je ne vous parlerai pas de son origine, ce serait vous faire un cours d'histoire; je me bornerai à vous dire que la dette se présente sous des formes diverses. Voici d'abord la *dette consolidée,* c'est celle qui par excellence est « inscrite au Grand-Livre » — au fond, toutes nos dettes sont inscrites à un grand-livre de notre bonne comptabilité publique. — La dette consolidée s'élève à la somme de 743,936,499 fr. de rentes. Il ne s'agit donc pas du capital, que chacun saura calculer au besoin, si je lui dis que les rentes 5 0/0 s'élèvent à 343,348,000 fr.; les rentes 4 1/2 à 37,442,000 fr.; les rentes 4 0/0 à 446,000 fr.; les rentes 3 0/0 à 362,669,000 fr.

Après la dette *consolidée* (terme qui veut dire que le gouvernement n'est pas *tenu* de rembourser le capital, il ne doit que la rente, c'est-à-dire les intérêts [1]), vient une catégorie de dettes qui ont été réunies sous cette rubrique : *Capitaux remboursables à divers titres.* Le montant total en est actuellement de 322 millions 1/2; il se compose de 16 chapitres distincts, dont un seul offre un intérêt saillant; il est inscrit sous cette dénomination : « Intérêts

1. Il n'y est pas tenu, mais le remboursement (ou la conversion) lui est permise.

et amortissement des capitaux du *budget sur ressources extraordinaires.* » Cela ressemble à quelque chose de bien mystérieux, intelligible seulement aux initiés. Il s'agit simplement de ce qu'on appelle à la Bourse « le 3 0/0 amortissable ». C'est une rente 3 0/0 non consolidée, c'est-à-dire dont le remboursement est obligatoire. Cette dette est divisée en obligations, et l'amortissement a lieu par voie de tirage au sort. Le montant s'élève actuellement à 171 millions de rente, et il est destiné à augmenter, car ce chapitre sera grossi de toutes les sommes empruntées pour construire les chemins de fer, les ports, les canaux projetés par le gouvernement.

Reste à mentionner une 3e forme de dette, la *dette viagère,* dont le total est d'un peu plus de 140 millions 1/2 : les pensions militaires (71 millions), les pensions civiles (46 millions), la rente viagère pour la vieillesse (16 millions 1/2) en forment les principaux chapitres.

Presque à l'égal de la dette publique sont considérées obligatoires les *Dotations* (25,488,511), savoir : traitement du président de la République 600,000 ; ses frais de maison 300,000, de voyage et de représentation 300,000 ; supplément à la dotation de la Légion d'honneur 10,688,511 ; subvention à la Caisse des invalides de la marine 13,600,000. Ajoutons que le Sénat cause une dépense de

4,500,000 fr. et la Chambre des députés de 6,793,000 fr.; et, si nous réunissons les trois catégories de dettes et les dotations, nous avons un total très respectable de 1,244,958,845 fr., soit en nombre rond 1,245 millions. C'est un chiffre qui est destiné à s'accroître, sauf si l'on convertit le 5 0/0 et le 4 1/2 en 4 0/0 ; alors le chiffre de 1,245 millions serait diminué de 80 et quelques millions, mais probablement pour reprendre ultérieurement son mouvement ascendant.

Ces 1,245 millions forment la 1re section du ministère des finances ; la 2e section comprend le « service général » (19,545,572 fr.), traitement du ministre et des employés, traitement des magistrats de la Cour des comptes, traitements et émoluments des trésoriers-payeurs généraux et des receveurs des finances.

La 3e section embrasse les frais de perception sous les formes multiples qu'elles revêtent dans un budget comme le nôtre. Le total est de 171,654,541. Je dis « les formes multiples », et voyez : ces 171 millions en contiennent 65,750,000 qui représentent les frais que cause la perception de l'impôt sur le tabac, et ces 65 millions en renferment, de leur côté, 44 qui représentent la valeur du tabac acheté par l'État pour le revendre après fabrication. La perception du timbre et de l'enregistrement coûte

18 millions, les douanes causent 31 millions, les contributions indirectes 36 millions de frais.

Enfin, il y a une 4ᵉ section, dont les 14,749,000 servent à combler les petits déficits causés par des dégrèvements, non-valeurs, remboursements de perceptions faites par erreur, prématurément, provisoirement, etc., et si le chiffre paraît gros, on n'a qu'à le comparer aux 2,777 millions de l'ensemble du budget, et l'on ne verra que ce n'est guère qu'un demi pour cent.

Le total des quatre sections du ministère des finances donne le chiffre de...................... 1,450,907,958, que nous allons inscrire, en attendant, au tableau noir.

Posons tout de suite au dessous le ministère de la justice.................................. 34,471,442.

Parmi les chapitres les plus importants de ce ministère il faut signaler ceux qui sont consacrés aux services que je vais mentionner. Il y a d'abord le Conseil d'État, qui absorbe 1,099,100 fr., puis les cours et tribunaux : Cour de cassation 1,189,000 fr. ; Cours d'appel 6,296,000 fr. ; Cours d'assise 119,200 fr. ; tribunaux de première instance 10,079,000 fr. ; justices de paix 8,397,000 fr. ; justice française en Algérie, 1,393,500 et je passe les chapitres d'un intérêt moins général ou qui exigeraient trop d'explications.

Nous arrivons au ministère des affaires étrangères et nous en inscrivons le total............... 13,323,800 fr.

Je n'ai guère à faire ressortir ici que les 8 millions et 2 ou 300,000 fr. de traitements des agents diplomatiques et consulaires, puis les 500,000 fr. de fonds secrets, ces dépenses n'étant pas justifiées publiquement. Il ne faudrait pas juger de l'importance d'un ministère d'après le chiffre pour lequel il figure au budget, et la preuve que ce ministère n'est pas le moins important, c'est qu'il est généralement choisi par le président du conseil.

Ministère de l'intérieur et des cultes.... 142,349,105 fr.

Voilà un ministère dont l'étude est instructive à plus d'un égard. D'abord, on sait que les cultes, qui ont, pendant un certain temps, formé un ministère spécial, ont été réunis, comme service distinct, tantôt au ministère de la justice, tantôt au ministère de l'instruction publique, et tout récemment au ministère de l'intérieur. Il n'y a, dans ces combinaisons, rien de politique ni d'administratif; c'est une affaire de convenance personnelle pour les ministres et aussi d'égards envers le clergé catholique, auquel on évite de donner un supérieur non catholique. Au ministère de l'intérieur est encore annexé un autre service très important, qui aurait mérité d'être mentionné dans le titre du ministère avec autant de droit, par exemple, que les Beaux-Arts dans un autre : c'est l'Algérie. Cette possession française a été d'abord une dépendance administrative du ministère de la guerre, comme les colonies le sont encore du ministère de la marine ; mais on a pensé que la colonisation de l'Algérie se ferait plus rapidement sous les auspices du ministère de l'intérieur; c'était en même temps indiquer qu'on se prépare à assimiler le territoire africain un territoire européen de la France.

Après avoir donné ces explications préliminaires, nous abordons le ministère de l'intérieur proprement dit, dont le budget atteint 60,789,447 fr. Sur ce chiffre, plus de 11 millions servent à entretenir les préfectures et les sous-préfectures ; la sûreté publique, c'est-à-dire la police générale de l'ensemble du pays, exige environ 13 millions ; les prisons, coûtent 25 millions ; les secours de toutes sortes près de 9 millions. C'est au ministère de l'intérieur que ressortissent les affaires départementales et communales ; mais les bureaux en sont beaucoup moins occupés qu'autrefois, grâce à une série de lois décentralisatrices, dont je n'ai pas à reproduire ici la liste [1].

La 2e section, intitulée : *service du gouvernement général civil* (de l'Algérie), et offrant un total de 28,009,992 fr.

1. Voy., dans la collection, les volumes LE DÉPARTEMENT et LA COMMUNE.

est annexée pour ordre au budget du ministère de l'intérieur. C'est-à-dire que le ministre de l'intérieur en défend
les chiffres devant les Chambres ; — il peut cependant
se faire aider par le gouverneur général en le faisant
nommer « Commissaire du gouvernement ». Au fond, ces
28 millions sont dépensés sous la direction du gouverneur
général. Cette 2e section forme un budget complet ; il y est
question des services suivants : intérieur, finances, agriculture et commerce, travaux publics, etc. ; mais les chiffres
sont peu considérables, sauf aux chapitres des travaux publics. Je suis assez disposé à croire que les routes et chemins, ainsi que les voies ferrées, contribueront beaucoup
plus qu'on ne le pense, non seulement à la conquête ma-
térielle, mais aussi à la conquête morale de l'Algérie.

Le service des cultes (c'est la 3e section du ministère de
l'intérieur) se présente avec un total de 53,549,666. Si nous
parcourons d'abord les chiffres afférant au culte catholique,
celui des cardinaux, archevêques et évêques (1,235,000),
celui du clergé paroissial (40,203,000) nous intéresseront
plus particulièrement. Parmi les autres chapitres du
culte catholique, nous trouvons plus d'un million en
bourses des séminaires, et plus de 7 millions destinés,
sous différentes dénominations, aux églises (construction,
grosses réparations, entretien). Les cultes protestants

n'absorbent que 1,650,000 et le culte israélite que 250,000 francs environ.

Inscrivons maintenant le ministère des Postes et Télé-graphes ; le total est de .................. 111,002,709 fr.

C'est un ministère de récente création. Le service des postes appartenait autrefois au ministère des finances et grossissait la section des frais de perception ; le service des télégraphes a été détaché du ministère de l'intérieur, où il était moins à sa place qu'auprès des postes. Ces deux services ont été réunis dans beaucoup de pays et le seront sans doute partout, car la réunion produit de nombreux avantages : l'État a moins de dépenses, le public plus de facilités ; en effet, on a pu multiplier plus aisément les bu-reaux lorsque la même personne est chargée des deux services et qu'un seul local suffit pour les deux. Le chiffre de 111 millions, qui est très considérable, montre l'étendue des services rendus par ce double service. Notons que le personnel coûte 57 millions, le matériel 23 et que 24 millions sont distribués en subventions

Quelques chiffres donneront une idée de l'importance de ce double service : l'administration centrale compte 459 employés et agents de tous grades ; le département de la Seine 1,910 employés et agents du télégraphe, et 3,403 de la poste ; les autres départements, pour les deux services réunis, 35,592. Ces derniers comprennent 24,370 facteurs.

Le ministère de la Guerre figure au budget pour 574,473,478 fr. Cette somme permet d'entretenir sous les drapeaux une armée active de 400,000 hommes, de faire faire leurs exercices à une réserve et à une armée territoriale bien plus nombreuses, enfin de maintenir en bon état et au grand complet le matériel de guerre. Les chapitres les plus saillants, du moins par la grosseur du chiffre, sont : la solde, 192 millions ; les vivres, 99 millions ; les fourrages pour 125,000 chevaux, 71 millions ; l'habillement, presque 40 millions. La gendarmerie, qui est comprise dans l'armée, coûte un peu plus de 40 millions. L'administration militaire, avec son organisation pour la paix et pour la guerre, exigerait une étude approfondie ; nous devons presque nous borner à la mentionner.

Inscrivons au tableau noir :

Ministère de la Marine et des Colonies... 197,988,014 fr.

On voit qu'il s'agit ici de deux services distincts, mais qu'on fait bien de maintenir réunis dans les mêmes mains, à tel point, que le mot *marine* devrait toujours impliquer *colonies ;* mais, comme on a fait un jour un éphémère ministère de l'Algérie et des Colonies, lorsque les colonies sont revenues au bercail de la marine, on les a reçues en enfant prodigue.

Parcourons maintenant le tableau des dépenses de la Marine, pour signaler en passant les chiffres saillants. Le personnel des marins, états-majors et équipages, cause une dépense de 43 millions 1/2, les approvisionnements généraux de la flotte près de 43 millions ; les vivres figurent à part pour 20,816,000 fr. ; les salaires d'ouvriers pour 22 millions ; les troupes pour 13 millions. Les autres chapitres, pour présenter des chiffres moins gros, n'en sont pas moins intéressants. Par exemple les hôpitaux maritimes coûtent près de 3 millions 1/2 ; les travaux hydrauliques plus de 6 millions ; les frais de voyage, de mission, etc., 3,268,000 fr. ; frais généraux d'impression et achat de livres, 618,000 fr. Je passe le reste pour dire que le service *marine* coûte, dans son ensemble, 167,972,905 fr. C'est avec cette somme que sont entretenus nos bâtiments de guerre, et que sont construits ceux qui les renforceront ou les remplaceront dans l'avenir. Nous disposons ainsi à chaque instant de 149 navires, avec un effectif de près de 27,000 marins, sans compter la réserve de 94 bâtiments qui attend son tour.

Le service colonial se chiffre par 30,015,109 fr. Je ne le détaillerai pas, ne trouvant qu'un chiffre qu'on puisse comprendre sans de longues explications, ce sont les 8 millions du service pénitentiaire. La transportation dans certaines colonies a remplacé, pour les individus condamnés aux travaux forcés, ce qu'autrefois on appelait les bagnes. La question des colonies pénales offre un grand intérêt ; la pensée de débarrasser le sol de la France de ses criminels les plus endurcis est très séduisante ; c'est par la colonisation aussi qu'on peut avoir le plus d'espoir d'agir sur les sentiments moraux des malfaiteurs et de les rappeler à une vie meilleure. Mais on dit que le nombre de ceux qui s'amendent est relativement petit ; l'on ajoute que la colonie pénale n'apparaît pas assez comme une punition aux criminels, et que l'on songe maintenant à prendre les mesures nécessaires pour que la transportation prenne un aspect moins gai.

Le ministère de l'Instruction publique et des Beaux-Arts se compose, on le voit, de deux sections. Autrefois, ce second service formait une division du ministère de l'intérieur ; par suite de plusieurs circonstances, les Beaux-Arts furent détachés de ce ministère, rattachés à d'autres, et élevés même au rang d'un ministère ; seulement, comme on trouvait ce ministère peu consistant en lui-même, on lui adjoignit les haras. Le ministère des Beaux-Arts et des Haras vécut ce que vit une rose. En le supprimant, on donna les haras à l'Agriculture, et les Beaux-Arts à l'Instruction publique, où ils étaient à leur place à côté des sciences ; mais, en souvenir de leur éphémère élévation au rang d'un ministère, on ajouta leur nom à celui de l'instruction publique, acte de faveur dont les sciences et même les lettres pourraient se plaindre, si elles daignaient y faire attention. Eh bien, cette section des Beaux-Arts coûte 8,486,930 fr., le ministère de l'instruction publique proprement dit 63,977,626 fr., et l'ensemble du ministère de l'Instruction publique et des Beaux-Arts, 72,464,556. — Portons ce chiffre au tableau noir.

Il s'agit maintenant d'indiquer des chapitres saillants, et l'embarras du choix est grand. On ne saurait dire : groupons les chiffres pour savoir ce que l'État dépense pour l'instruction primaire, secondaire, supérieure, car il y a des services communs, des services généraux, qui causent bien 3,300,000 fr. de frais. Si nous faisons abstraction de ces chiffres, nous trouvons pour l'instruction primaire un ensemble de 33 ou 34 millions, dont 2 millions pour les écoles normales et un peu plus pour l'inspection primaire ; le reste se distribue en traitements, subventions, encouragements, etc. Pour l'instruction secondaire j'ai pu combiner un total de 11 millions, dont 7 millions pour les dépenses ordinaires des lycées et collèges, et 2,300,000 pour les bourses. Pour l'enseignement supérieur le total est plus difficile à faire : il ne suffit pas de prendre les chiffres des facultés, 9,355,000 fr. ; il faut ajouter l'École pratique des hautes études, 300,000 fr., et ne pas oublier la bibliothèque de l'Université. Mais c'est loin d'être tout. Ainsi, il y a le Collège de France, 467,000 fr., le Muséum d'histoire naturelle, 835,000 fr., les établissements astronomiques, 876,000 fr., l'École des langues orientales vivantes, 172,000 fr., l'École des chartes, 66,000 fr., les écoles françaises d'Athènes et de Rome, 139,000 fr.

On doit mettre à part les établissements et les institutions scientifiques et littéraires dont la destination et la mission sont encore plus élevées ou plus étendues que l'instruction supérieure, quoique s'y rattachant par plus d'un côté. Ce sont l'Institut de France (707,000 fr.), l'Académie de médecine (75,000 fr.); puis la Bibliothèque nationale, qui est reconnue comme la plus grande qu'il y ait au monde (700,000 fr.), les autres bibliothèques publiques (300,000 fr.), les Archives nationales (202,000 fr.), enfin nombre de subventions et d'encouragements pour des entreprises scientifiques que vous me dispenserez d'énumérer.

Le service des Beaux-Arts distribue ses 8 millions 1/2 entre le dessin, la peinture, la sculpture, la musique, les théâtres et certaines manufactures nationales (Sèvres, Gobelins, Beauvais). Les musées coûtent 823,000 fr., l'en-

tretien des monuments historiques 1,550,000, le Conserva-
toire de musique et ses succursales 276,000, les théâtres
nationaux 1,470,000 fr.

Quand on parcourt le budget du ministère de l'Agriculture et du Commerce, dont la dépense totale se
monte à . . . . . . . . . . . . . . . . . . 35,226,709 fr.,
on est frappé de la subdivision du tableau en trois sections : la 1re comprend l'agriculture, le commerce, les
haras (près de 21 millions); la deuxième s'applique aux
forêts (près de 14 millions 1/2), mais elle se présente sous
un titre que je vais reproduire au tableau noir : *Frais de
régie, de perception et d'exploitation des impôts et revenus
publics.* Que répondrait-on à un député qui dirait : Quoi,
malgré notre principe fondamental de droit public qui
prescrit que toutes les perceptions doivent se faire par le
ministère des finances, vous vous mêlez de perception !
Otez-moi vite ce service du ministère de l'Agriculture
pour le rendre au ministère des Finances, d'où il n'aurait
jamais dû être détaché, s'il est un service de perception.
Puisque le service des forêts a désiré être compris dans le
ministère de l'Agriculture, afin que les attributions sylvi-
coles (c'est-à-dire la production du bois) obtiennent le des-
sus sur les attributions qui concernent l'exploitation et
les revenus publics, pourquoi ne s'empresse-t-il pas

d'effacer cette ligne, empruntée au budget du ministère
des Finances ? Il devrait d'autant plus s'empresser de le
faire : 1° que les forêts n'ont jamais constitué un impôt,
mais « *un revenu qui n'est pas un impôt* », cela a été dit
souvent et pour de bonnes raisons ; et 2° que ce revenu,
« qui n'est pas un impôt [1] », n'est pas perçu par les fores-
tiers, mais par les agents du ministère des finances.

Mentionnons enfin la 3° section, *Remboursements,* qui
forment une division trop solennelle pour les 50,000 fr.
auxquels ils s'appliquent.

Je viens de critiquer, il est juste maintenant que je fasse
connaître la raison pour laquelle on a fait ces deux der-
nières sections. C'est pour faciliter la construction d'un tableau que je vais avoir l'occasion de reproduire comme
résumé de ma conférence. Cette raison est bonne ; j'aurais
seulement désiré qu'on la conciliât un peu plus avec la
bonne ordonnance du budget du ministère de l'Agriculture et du Commerce. C'est une affaire d'étiquetage.

Parmi les services de l'agriculture, je signalerai les
écoles et services vétérinaires (1,131,000), l'enseignement
agricole (1,909,000), le service des haras et les encouragements à l'industrie chevaline (7,991,000), l'inspection

---

1. Si j'insiste tant sur ce point, c'est qu'il y a beaucoup de gens qui
s'y trompent, ou qui abusent du chiffre.

du travail dans les manufactures, etc. (1,907,000), la surveillance des poids et mesures (1,196,000). Pour le service
sanitaire, je ne trouve que 375,000 fr., pour la visite des
pharmaciens, 270,000, et pour les eaux thermales, 284,000 f.
Si ces dépenses paraissent faibles, on devra se rappeler que
la salubrité publique est à la charge du budget communal.

J'ai déjà eu l'occasion de vous dire, Mesdames et Messieurs, qu'il ne faut pas juger de l'importance d'un service public d'après la dépense qu'il cause, car, pour l'État
comme pour le particulier, les choses les plus utiles sont
quelquefois les moins chères. Vous savez d'ailleurs que
tous les services ne sont pas à la charge de l'État ; les départements aussi bien que les communes en supportent
leur part, et la répartition des dépenses a été faite après
mûre réflexion.

Le ministère des Travaux publics (141,133,703 fr.) se
divise également en deux sections : 1° le service ordinaire (83,486,257), et 2° les travaux extraordinaires (57 millions 647,446 fr.). Le service ordinaire comprend le personnel et les autres dépenses d'organisation et les frais
d'entretien et de réparation. Le personnel des ponts et
chaussées, ingénieurs, conducteurs, employés secon-
daires, cause une dépense de 9 millions 1/2 ; le personnel
des mines, bien moins nombreux, d'un million seulement.

L'entretien des routes coûte 30 millions; la navigation (rivières et canaux), 9,700,000, sans compter le personnel des gardes de navigation (1,700,000), des gardes-pêche (327,000); les ports causent une dépense ordinaire de 6,300,000 fr.; le personnel, non compris les phares et fanaux, séparément, 358,000 fr. Les bâtiments civils et l'entretien, la réfection, les grosses réparations des palais nationaux, absorbent près de 4 millions.

La section des travaux extraordinaires renferme un gros chiffre, la garantie d'intérêts aux compagnies de chemins de fer, 40 millions; si l'on y ajoute les 14 millions 700,000 fr. d'annuités inscrits dans la première section, cela fait un total de 57 millions consacrés annuellement à l'encouragement des chemins de fer; mais c'est très, très loin d'être ce que les chemins de fer coûtent à la France. Le reste de la somme dépensée en travaux publics s'applique, pour la plus grande partie, à des travaux neufs, mais s'éparpille sur un grand nombre de chapitres.

Nous venons de passer en revue, Mesdames et Messieurs, la totalité de notre budget des dépenses, d'après le projet pour 1881; je vais maintenant reproduire, en le résumant un peu, le tableau synoptique par lequel l'administration donne une vue d'ensemble de la destination des fonds.

Montant des dépenses par
grandes catégories.

I. Dette publique et dotation (M^re des fin. 1^re sect.). 1,244.958,845

II. Services généraux des ministères :

| | | |
|---|---|---|
| Ministère de la Justice.......... | 34,471,442 | |
| — des Affaires étrangères.. | 13,323,800 | |
| — de l'Intérieur (les 3 sect.). | 142,349,105 | |
| — des Finances, 2^e section. | 19,545,572 | |
| — des Postes et télégraphes, 1^re section........... | 1,900,960 | |
| — de la Guerre, dépenses ordinaires........... | 574,473,478 | }1,218,422,307 |
| Ministère de la Marine et des Colonies (sect. 1 et 2). .... | 197,988,014 | |
| — de l'Instruction publique et des Beaux-Arts (les 2 sections).......... | 72,464,556 | |
| — de l'Agriculture et du commerce, 1^re section. | 20,771,677 | |
| — des Travaux publics (les 2 sections).......... | 141,133,703 | |

III. Frais de régie, de perception et d'exploitation des impôts et revenus publics :

| | | |
|---|---|---|
| Ministère des Finances, (3^e sect.). | 171,654,541 | |
| — des Postes et télég.... | 106,231,749 | } 292,341,322 |
| — de l'Agr. et du comm.. | 14,455,032 | |

IV. Remboursements et non-valeurs :

| | | |
|---|---|---|
| Ministère des Finances......... | 14,749,000 | |
| — des Postes et télég .... | 2,870,000 | } 17,669,000 |
| — de l'Agriculture et du commerce.......... | 50,000 | |

Total général des dépenses ordinaires...... 2,773,391,474

Ce sont les quatre chiffres de droite qu'il s'agit surtout

d'envisager ici, l'intention de ceux qui, les premiers, ont combiné ce tableau, étant de montrer que l'administration ne coûtait pas tant de milliards qu'un vain peuple pense. On voulait faire comprendre que, même avec l'armée, la marine, le culte et l'instruction publique, l'administration coûtait 1,218 millions seulement... oui *seulement,* car il n'y a rien en ce monde d'absolument grand ou petit, tout est relatif, et c'est une question de savoir si 1,200 millions sont, pour une nation comme la France, au-dessous ou au-dessus d'une moyenne raisonnable.

Du reste, Mesdames et Messieurs, nous retrouverons encore d'autres dépenses; mais, avant tout, j'aurai à vous exposer le budget des recettes, ce sera le sujet de la prochaine conférence.

# V

## Conversation sur la deuxième Conférence.

Rentrée chez elle, la famille Duval se mit quelque peu à critiquer le conférencier. Gaston trouvait qu'il avait un peu trop défendu l'accroissement du budget.

« Je ne crois pas qu'il ait exagéré, dit M. Duval. Au fond, il s'élevait seulement contre ceux qui critiquent pour critiquer, et il ne contestait pas qu'il y avait des dépenses inutiles. Mais c'est là une question d'appréciation sur laquelle on peut discuter à perte de vue sans s'entendre.

— C'est vrai. J'ai peut-être tort de chercher chicane au conférencier qui m'a fait grand plaisir en parlant des dépenses obligatoires et des dépenses facultatives de l'État ; je crois que c'est là une bonne idée ; je voudrais seulement savoir si ce sont les dépenses obligatoires ou les dépenses facultatives qui s'accroissent le plus vite ?

— Il faudrait d'abord savoir au juste, répondit M. Duval, quelles dépenses on doit ranger dans chacune de ces catégories, classement qu'il serait difficile d'établir à la satisfaction de tout le monde. Jusqu'à plus ample informé, je croirai que les dépenses facultatives sont les plus élastiques ; elles s'étendent, s'étendent, s'étendent, parce qu'on ne demande à la fois qu'un tout petit crédit pour une chose grandement, éminemment, essentiellement utile. Comment résister ? Si encore on pouvait toujours dire : Nous avons été trop loin, retournons sur nos pas. Mais cela ne va pas toujours : quelquefois il y a droit acquis ; d'autres fois, on briserait une existence intéressante qui s'est organisée sur la foi qu'elle a eu en la continuation de votes antérieurs ; d'autres fois encore, de facultative, la dépense devient obligatoire.

— Et comment cela ? demanda Henri.

— Oh ! la réponse est facile, s'écria Gaston. Par exemple, le député d'un arrondissement ou d'un département demandé un petit chemin de fer pour se faire bien venir de ses électeurs. Ce chemin n'est pas de première nécessité, il est donc facultatif. Pour une raison ou pour une autre, il est accordé. On emprunte quelques millions, et voilà une dette...

— Oui, dit Henri, il faut payer ses dettes, c'est une dépense obligatoire.

— C'est précisément ce que je voulais dire, reprit Gaston ; seulement, je me perds un peu dans toutes ces dettes, celles où l'on paie l'intérêt et celles où l'on paie le capital ou l'intérêt et le capital. Et puis la dette viagère, mais pourquoi ne dit-on pas tout simplement *pensions ?*

— Tu en demandes beaucoup à la fois, mon neveu ; il me semble d'ailleurs qu'on nous a dit aujourd'hui tout le nécessaire sur la dette. Reprenons cependant les points les plus importants. Il a été d'abord question de la dette consolidée ; cela veut dire, que le gouvernement n'est pas obligé de rembourser cette dette — on dit aussi amortir, terme qui implique des paiements successifs et périodiques, — il n'a vendu qu'une rente.

— Que signifie l'expression : *conversion ?*

— Un exemple vous le fera aisément comprendre. Supposons que le gouvernement ait emprunté 100 millions à 5 0/0. Si l'émission a été faite au pair, le public a acheté 5 fr. de rente sur l'État au prix de 100 fr. ; il arrive parfois, selon les circonstances, que l'émission a lieu au dessous du pair, le public ne voulant donner que 95 fr., peut-être 90 ou moins, pour 5 fr. de rentes ; on l'émet aussi, mais plus rarement, avec prime, ou au-dessus du pair. Mais peu importe en ce moment le taux de l'émission ; une fois en circulation, le prix (ou le cours) de la rente peut monter : il lui est arrivé d'atteindre successivement 110,120,125 fr., mettons 130. Dans ce cas le gouvernement se dira : j'ai emprunté 100 millions à 5 0/0, et dois par conséquent 5 millions par an à mes créanciers ; si j'empruntais maintenant à 4 0/0 pour payer les 100 millions émis à 5 0/0 ? Ce serait une bonne affaire, car mes dépenses en seraient réduites d'un million par an. Et que pensera le public de cette mesure ? Il commencera par être mécontent, car il y perd ; mais bientôt il se résignera et fera la réflexion que voici : Si l'État me rembourse, j'aurai de la peine à trouver un bon placement à 4 0/0, j'aime mieux lui laisser l'argent aux conditions qu'il fixera. L'État sait qu'on raisonnera ainsi, il offre donc de rembourser le capital ou d'échanger la dette 5 0/0 contre une dette de 4 0/0 ; généralement on accepte, et la conversion (du 5 0/0 en 4 0/0) est faite. Il n'y a que de rares récalcitrants, qui sont remboursés à raison de 100 fr. pour 5 fr. de rente. Est-ce clair ?

— Tout à fait. Mais si beaucoup de monde refusait la conversion ?

— Le gouvernement prend ses précautions et se munit de quelques fonds ; mais, généralement, la proposition est assez avantageuse pour qu'il y ait peu de récalcitrants.

— Les conversions sont-elles fréquentes ?

— Elles sont plutôt assez rares.

— Et si les cours ne sont pas élevés, on ne peut pas rembourser. C'est regrettable.

— Entendons-nous. Je n'ai parlé que de la combinaison qu'on appelle conversion ; ici, le montant nominal de la dette (en capital) reste le même ; il coûte seulement moins cher à l'État — j'allais dire : à entretenir. Mais souvent on rembourse aussi le capital, ce qui naturellement fait disparaître en même temps la rente qui s'y rattachait.

— Et comment procède-t-on ?

— Autrefois il était d'usage de créer un fonds d'amortissement ; c'était un revenu annuel de tant... $x$ millions, destinés au rachat des rentes ; chaque fois qu'on contractait un nouvel emprunt, on ajoutait au fond d'amortissement 1 0/0 de la nouvelle dette. Avec les revenus du fonds d'amortissement on achetait à la Bourse des rentes cotées au-dessous du pair. Mais, dans ce système, lorsque les rentes dépassaient le pair, l'amortissement s'arrêtait.

— Pourquoi n'achetait-on pas au-dessus du pair ?

— C'est tout simple. Supposons que l'État ait emprunté à 95 — on lui a donné 95 fr. pour 5 fr. de rentes ; — s'il rembourse cette dette à 105 ou 110, il subit une trop grosse perte. Ce n'est pas tout. Si l'État n'avait plus jamais besoin d'emprunter, on pourrait s'imposer les plus grands sacrifices pour être débarrassé de sa dette ; mais l'État en aura besoin, et il sera souvent plus avantageux

pour lui d'emprunter son propre fonds d'amortissement
que les capitaux des banquiers ou de n'importe qui.

— Alors il n'y a plus d'amortissement?

— Non. On a trouvé que la combinaison qui vient d'être
expliquée était trop onéreuse pour l'État, et qu'il ne ser-
vait à rien de payer une dette au moment même où l'on
était obligé d'en contracter une autre dans de moins bonnes
conditions. Il ne faut amortir qu'avec des excédents de recettes, disait-on sous forme de conclusion.

— A-t-on souvent des excédents de recettes sur les dépenses?

— Souvent, non, mais quelquefois, du moins en France.

— Mais si l'excédent coïncide avec des cours élevés,
achètera-t-on la rente au-dessus du pair?

— Je n'en connais pas d'exemple. On aimerait mieux,
je pense, employer l'excédent en dégrèvements (diminu-
tions d'impôts). Il sera sans doute question des dégrèvements dans la prochaine conférence, continuons donc à
étudier l'amortissement.

— L'amortissement? D'après ce qui vient d'être dit, on
pourrait croire qu'il n'y en a pas.

— C'était trop se hâter de conclure. Les systèmes qui
viennent d'être exposés ont été rejetés, mais il en reste
d'autres dont un, déjà en usage dans les emprunts com-

munaux et dans ceux des établissements de crédit et de quelques autres affaires, gagne du terrain. Il consiste à diviser la dette en coupures d'une valeur égale, dites obligations (de 100 fr., 500 fr., 1,000 fr., etc.), d'en tirer au sort tous les ans un nombre déterminé, convenu d'avance, et de rembourser les obligations dont les numéros sont sortis. S'il y avait eu 100,000 obligations et qu'on voulût payer la dette en 50 ans, il faudrait tirer 2,000 obligations par an. L'État a créé, à peu près sous cette forme, le « 3 0/0 amortissable ».

— De cette façon l'amortissement est forcé ?

— C'est évident : la loi le prescrit et le budget le prévoit ; il faudrait une révolution pour empêcher cette salutaire opération.

— Ne disais-tu pas qu'il y a encore d'autres systèmes d'amortissement ?

— Nous allons en trouver un dans les établissements qui se font une spécialité de prêter sur immeuble (prêts remboursables à long terme). Quand ces établissements empruntent, ils le font sous la forme d'obligations, qu'ils remboursent successivement par la voie du tirage au sort ; quand ils prêtent sur immeuble, ils se font donner un intérêt un peu plus élevé, cet intérêt renferme l'amortissement. Mettons que ce soit le 1/2 0/0.

— Alors il faut 200 ans pour rembourser le prêt.

— Mais pas du tout. Si la dette est de 100 fr. et que tu payes en 1880 un 1/2 fr., en 1881, tu ne dois plus que 99 fr. 1/2, si tu payes encore un 1/2 fr., tu as versé un peu — un tout petit peu — plus qu'un 1 0/0. Tu vois que le taux de l'intérêt croît, à mesure que le capital diminue par les remboursements partiels. Ce n'est pas tout : les 1/2 0/0 qui rentrent, si on ne les utilise pas avantageusement tout de suite, on les place à intérêts, et successivement leurs intérêts également, de manière à reconstituer le capital dans le plus bref délai. Avec 1/2 0/0 il faut environ 65 ans pour la reconstruction d'un capital prêté à 3 0/0; pour un prêt à 4 0/0, 56 années suffiraient, et si le taux était de 5 0/0, on y arriverait en 49 ans et 6 mois.

— On se sert de ces calculs dans les sociétés d'assurance et peut-être dans d'autres, dit Gaston.

— C'est sur de pareilles combinaisons que sont fondées les rentes viagères par lesquelles on a assayé de remplacer des rentes perpétuelles ; la rente viagère, puisqu'elle absorbe le capital, est naturellement plus élevée que la rente perpétuelle qui laisse le capital intact. Mais ce système ne présente pas les avantages qu'on a cru, car il n'attire que peu de personnes, et pour cette raison il ne mérite pas qu'on s'y arrête longtemps.

# VI

## TROISIÈME CONFÉRENCE

### RECETTES DE L'ÉTAT.

Mesdames et Messieurs,

Nous allons, aujourd'hui, prendre un aperçu du budget des recettes. Nous savons que l'État a des dépenses ; il lui faut, par conséquent, des revenus. Que ce serait agréable pour nous autres contribuables, si l'État possédait assez de biens pour vivre de ses revenus comme un riche proprié-taire ! Mais les domaines de l'État n'embrassent guère que les forêts qui soient bien productives (38 millions) ; la plu-part de ses autres propriétés, palais et bâtiments de toutes sortes, même routes et canaux, coûtent au lieu de rapporter. Je devrais peut-être mentionner aussi les chemins de fer de l'État parmi ses domaines ; mais, l'exploitation entre-prise n'étant encore qu'une expérience onéreuse, je crois devoir m'abstenir pour le moment d'en parler. Ce n'est que dans un peu plus d'un demi-siècle que les chemins de fer constitueront un vrai domaine de l'État, et un domaine d'une grandeur et d'une importance exceptionnelles. Que sont les sept merveilles de la Grèce, même réunies, en comparaison du réseau ferré de la France! Du reste, si les chemins de fer ne figurent pas encore parmi les domaines productifs de l'État, ils tiennent une large place comme contribuables, ainsi que nous ne tarderons pas à le voir.

Nous aborderons maintenant, Mesdames et Messieurs, l'étude des recettes de l'État. Je n'ai pas cru devoir classer les impôts d'après l'un des systèmes préconisés par la théorie. J'ai préféré m'en tenir au « Projet de budget pour 1881 », que j'expliquerai, ce qui aura pour résultat pratique de vous faciliter la lecture des budgets futurs. Je vous ferai remarquer que je ne parlerai dans cette conférence que des recettes de l'État ; le budget les nomme : « *Fonds généraux* » (aussi : fonds pour dépenses générales); les fonds spéciaux sont réservés pour la quatrième conférence.

C'est par les *Contributions directes* que les tableaux des recettes commencent. On comprend sous cette dénomination quatre contributions principales et plusieurs petites qui leur sont « assimilées ». Ces quatre contributions, tout le monde les connaît, au moins de nom, je puis donc me contenter de les mentionner sommairement [1].

La contribution foncière est à la charge de tous les propriétaires d'immeubles ; les communes et les départements la paient comme les simples particuliers. On distingue l'impôt sur les terres de l'impôt sur les maisons; le premier ne subit guère de changements, on peut le considérer, je ne lui en fais pas un mérite, comme immuable ; le second se plie davantage aux circonstances. Prenons les chiffres de 1881 :

Principal fixé par l'état législatif de répartement. 173,825,915
Cotisation, en principal, pour les constructions
   nouvelles, environ........................ 474,085

Total........ 174,300,000

Le sens des termes, état législatif de répartement (ou de la répartition par départements opérée par la Chambre), vous est connu par la première Conférence ; vous savez qu'on aurait tout aussi bien pu dire : chiffre de l'année dernière; la seconde ligne indique ce qu'il faut ajouter approximativement pour les nouvelles maisons bâties dans les différents départements. Pour 1881, le principal de l'impôt foncier sera donc de 174,300,000 fr. L'État ne lui impose pas de centimes additionnels.

1. De plus amples explications se trouvent au volume l'IMPÔT.

La contribution personnelle-mobilière est une fusion de deux impôts autrefois distincts. La contribution personnelle est la même pour tous les citoyens, ou au moins devrait l'être : l'équivalent de trois journées de travail. La valeur de la journée de travail est fixée par le conseil général, le minimum étant traditionnellement de 50 centimes par jour et le maximum de 1 fr. 50 (soit 1 fr. 50 à 4 fr. 50 d'impôt). La contribution mobilière est assise sur le loyer; c'est une sorte d'impôt sur le revenu, réparti en partant d'en haut, et qui ne change d'une année à l'autre que dans une faible mesure. On se borne à ajouter la contribution qui est imposée aux locataires des nouvelles maisons. Les chiffres se présentent ainsi :

| | |
|---|---:|
| Principal fixé par l'état législatif de répartement. | 52,157,718 |
| Cotisation, en principal, pour les constructions nouvelles............................. | 592,282 |
| 17 centimes additionnels généraux, sans affectation spéciale........................... | 8,967.500 |
| Total.......... | 61,717,500 |

Les « centimes généraux » sont perçus au profit de l'État, et les mots « sans affectation spéciale » indiquent que ces centimes n'ont d'autre destination que de grossir le revenu. Car il pourrait y avoir des centimes affectés à des dépenses déterminées (instruction publique, chemins vicinaux, etc.). Je rappellerai que, dans plusieurs villes à octroi, l'usage s'est établi de faire payer à l'État, par la caisse municipale et sur le produit de l'octroi, le montant des petites cotes mobilières ; les petits contribuables se trouvent ainsi exonérés ou dégrevés de la contribution mobilière [1].

La contribution des portes et fenêtres est destinée à compléter l'impôt sur le loyer. Les grands appartements ont naturellement plus de portes et surtout de fenêtres que les petits. Le tarif, qui diffère selon la population et selon l'importance des maisons, est d'ailleurs combiné autant que possible pour que l'impôt soit proportionnel au revenu présumé.

| | |
|---|---:|
| Principal fixé par l'état de répartement......... | 36,588,000 |
| Cotisation, en principal, pour les constructions nouvelles............................... | 161,991 |
| Centimes additionnels généraux, sans affectation spéciale (15 c. 8/10e).................. | 5,806,500 |
| Total......... | 42,556,491 |

Les trois impôts dont il vient d'être parlé sont des impôts de répartition ; on semble avoir renoncé à les modifier,

1. Voy. le volume PARIS, I.

sauf pour ajouter le contingent des nouveaux contribuables. La contribution des patentes, au contraire, est un
impôt de quotité, dont le montant produit des fluctuations.
Le produit de 8 centimes du principal est retranché pour
être attribué aux communes. Cette réduction faite, nous
avons 73,873,000 fr.; en comptant les centimes additionnels, les patentes rapportent à l'État, et à l'État seulement, 100,230,309 francs.

Si l'on ajoute la taxe du premier avertissement (594,000),
nous aurons pour l'ensemble des quatres contributions directes : 379,398,300 francs.

Les taxes assimilées aux contributions directes (23 millions 407,670 fr.) se composent des impôts que je vais énumérer. La taxe sur les biens de *mainmorte,* c'est-à-dire
les biens qui, appartenant à une institution perpétuelle,
ne changent jamais de mains ; ces biens ne paient donc
aucun droit de mutation, et c'est pour remplacer ce droit
qu'on a créé la taxe ; elle produit 5,240,000 fr. La redevance des mines rapporte 2,200,000 fr. ; le droit de vérifi-
cation des poids et mesures (tous les marchands y sont
assujettis), 4,096,000 fr.; le droit de visite des pharmacies
et drogueries, 259,000 fr.; la contribution sur les voitures
et les chevaux, 9,232,670 fr.; la taxe sur les billards, 1 million, la taxe sur les cercles, 1,380,000 fr.

C'est une bien longue énumération, et j'aurais encore,
Mesdames et Messieurs, à appeler votre attention sur
quelques autres tableaux analogues. Vous ne devez pas
oublier que je suis obligé de passer en revue dans une
seule séance l'ensemble de notre budget des recettes ; je
négligerai les choses peu importantes ; mais vous m'en fe-
riez très légitimement le reproche si j'omettais un impôt
très productif, ou un droit exerçant une influence sur
les affaires, ou une taxe curieuse à certains titres. L'es-
quisse aura tous les traits nécessaires pour bien marquer
la physionomie du tableau.

Le domaine, autre que le domaine forestier, je l'ai déjà
dit, n'a pas d'importance. Sur les 15,000,700 fr. que ce
chapitre rapporte, la moitié provient de la vente de vieux
meubles appartenant à l'État. Nous connaissons aussi le
produit des forêts et des recettes accessoires, 38,102,600 fr.
Ces chiffres n'ont pas besoin d'être expliqués ; il convient
seulement de se rappeler que ces forêts rendent encore
d'autres services que ceux de fournir un revenu.

Arrêtons-nous un moment devant le tableau des contributions indirectes. Ce ne sont pas, comme les contributions directes, des impôts dont le paiement annuel est
prévu, mais des taxes qu'on acquitte à l'occasion d'un
acte ou d'une consommation, ou aussi comme rémunéra-

sion d'un service spécial rendu par l'État au contribuable.

Les impôts sur les actes figurent au budget comme :

Droits d'enregistrement et accessoires.......... 519,991,000

Droits de timbre.............................. 140,467,000

Total.......... 660,458,000

Voilà des chiffres bien considérables, qui mériteraient d'être un peu dégrevés. Chacun sait ce qu'est le papier timbré. L'enregistrement est ainsi nommé, parce que les actes (obligatoirement pour les uns, facultativement pour les autres) sont transcrits sur de grands registres, ce qui leur donne une date certaine, et c'est ce service qu'on paye souvent un peu chèrement. Il y a, en effet, des droits fixes et des droits proportionnels et même très élevés, mais, comme on les paye rarement, on ne s'en plaint pas trop. Les droits de succession, de mutation de toutes sortes, beaucoup de taxes de justice, sont perçus par le service (direction générale) de l'enregistrement, auquel ressortissent aussi les domaines. Pour le timbre aussi il y a des droits fixes et des droits proportionnels.

Nous arrivons aux droits de consommation. Une catégorie spéciale de ces droits sont perçus par l'administration des douanes : ce sont les droits d'importation sur les marchandises étrangères (220 millions) ; les droits sur les sucres coloniaux (39 millions); et les sucres étrangers (32 millions $\frac{1}{2}$). Si l'on ajoute diverses autres taxes, on a 309 millions, et comme cette administration est en même temps chargée de percevoir les droits sur le sel consommé dans le rayon des douanes — près de 18 millions, nous trouvons pour ce service un total général de 327,206,000 fr.

Je ne rappellerai qu'en passant le service que dans plusieurs pays on demande aux douanes, celui de « protéger l'industrie nationale ». Ce procédé consiste à renchérir artificiellement les produits étrangers, afin d'en détourner le consommateur. Ce sont « les droits protecteurs » qui en sont chargés; il y eut des moments où le droit était si élevé, qu'il était « prohibitif », c'est-à-dire qu'il renchérissait tellement le produit, que personne ne songeait à l'acheter. Il y eut même des prohibitions absolues ; certains tissus et autres produits étrangers ne pouvaient, à aucun prix, entrer en France. Actuellement, on est généralement d'avis qu'on ne saurait priver des millions de citoyens français d'un produit quelconque, pour procurer à quelques fabricants un peu plus de bénéfices.

Mais tous les droits de douane ne sont pas des droits protecteurs; il y a aussi beaucoup de « droits fiscaux », ce sont les taxes qui n'ont d'autre destination que de procurer un revenu au Trésor. Les produits étrangers qu'on ne peut pas produire en France, ou, comme on dit habituellement : qui n'ont pas leur similaire en France, ne supportent que des droits fiscaux. Tels sont surtout le café, dont on tire 89 millions de francs, le cacao 10 millions, le poivre et les autres épices 5 millions 1/2. Il est aussi des taxes qui sont moitié protectrices et moitié fiscales. Si j'osais vous dire ma pensée tout entière, Mesdames et Messieurs, et si le temps le permettait, je vous montrerais que beaucoup de personnes se font illusion sur les effets des droits de douanes, en oubliant qu'il y a souvent des causes qui atténuent ou modifient l'action des droits d'importation (par exemple la concurrence intérieure).

Les droits de consommation perçus à l'intérieur du pays s'appliquent à de très nombreux objets. Les droits sur les boissons méritent de figurer en tête de la liste ; ils produisent 393 millions. Sur ce chiffre, les eaux-de-vie rapportent 196 millions, le vin 160 millions, le cidre 12 millions, la bière 20 millions; mais on parle de réduire quelques-uns de ces chiffres, car on veut « dégrever ». Les recettes dépassant les prévisions, il est naturel que le législateur dise au contribuable : Mon ami, je vous ai un peu trop demandé, à l'avenir il m'en faudra un peu moins. Seulement, pour me servir d'une image connue, le contribuable est repré-

senté comme un homme très chargé ; il porte un fardeau
sur la tête, et d'autres sur les épaules, sur le dos, à la
main, etc., il s'agit de deviner quel est le fardeau qu'il
est le plus urgent d'alléger. En ce moment on croit
que c'est le droit sur le vin (je n'apprécie pas, j'expose).
Puis, on parle aussi de dégrever le sucre. Le sucre indigène (sucre de betteraves) produit 124 millions; il s'agit de
le réduire d'une soixantaine de millions. Le sucre est une
matière qu'on a appelée « essentiellement imposable », et
en effet, en France, le sucre indigène, le sucre colonial et
le sucre étranger réunis rapportent au Trésor environ
196 millions, chiffre qu'on propose de réduire d'une
soixantaine de millions en nourrissant l'espoir que, le
sucre étant moins cher, on en consommera davantage,
de sorte que le fisc ne perdra rien à la réduction [1].

Mentionnons, avant de l'oublier, le sel. Vous savez déjà
que les douanes perçoivent dans le rayon des frontières
18 millions, l'administration (direction générale) des contributions indirectes en perçoit pour près de 15 millions
dans l'intérieur de la France, ensemble 33 millions. Le
sel, Mesdames et Messieurs, a été, il y a 100 ans et au
delà, une cause d'oppression ; de nos jours, c'est un sujet

---

1. Ce dégrèvement a été opéré depuis que cette conférence a été faite.

de déclamation. Quand on parle de 2 fr. 50 de sel qu'une famille pauvre est supposée payer, on raisonne comme si le millionnaire qui demeure à côté ne payait également *en tout* que 2 fr. 50. En réalité, les choses ne se passent pas ainsi : ce pauvre payera, en dehors de ces 2 fr. 50 en toutes sortes d'autres impôts, droits ou taxes, un total de 10 ou 20 ou même 30 fr.; le millionnaire ajoutera à son impôt sur le sel (qui sera de plus de 2 fr. 50), au moins une vingtaine de mille francs, peut-être 40 ou 50,000 fr. et au delà, selon la nature de ses biens et le montant de ses revenus. Les choses ne sont pas parfaites en ce monde ; mais, si elles ne méritent pas un excès d'honneur, il ne faut pas non plus les accabler d'un excès d'indignité.

Un impôt de 2/10 sur le prix des places dans les chemins de fer rapporte 73 millions ; la même taxe sur les autres voitures publiques ne produit que 6 millions 1/2. Le droit sur le papier ne fournit que 15 millions au Trésor, — ce n'est pas là un droit que je me chargerais de défendre, car il renchérit les moyens d'instruction. Le droit sur les bougies donne près de 8 millions ; la licence (ou patente spéciale) des débitants de boissons, entrepreneurs de voitures publiques, fabricants de sucre et autres producteurs ou marchands d'objets soumis à des contributions indirectes, 11 millions; la garantie des matières d'or et d'argent, ou la marque qui en certifie le titre, 6,200,000 fr. Je dois passer une foule de petites recettes, la plupart accessoires, et dont quelques-unes sont la contre-partie d'une dépense. Par exemple, il est nécessaire que certains employés possèdent des instruments de précision, que l'administration tient à leur fournir pour être sûre de leur qualité. Eh bien, on trouvera aux dépenses : achats d'instruments — $x$ fr. (une somme quelconque) et aux recettes : remboursement du prix d'instruments $x$ fr. (la même somme, s'il y a lieu). Or, quand je trouve des articles de ce genre, je ne m'y arrête pas ; je dis : c'est de la comptabilité, ce sont des inscriptions d'ordre, nous ne pouvons apprendre là qu'à connaître la régularité de notre comptabilité ; c'est beaucoup, mais ce n'est pas tout à fait l'objet de la conférence.

Restant toujours dans le domaine des contributions indirectes j'ai à vous parler de trois impôts qui sont perçus sous la forme de monopoles de l'État : ce sont les tabacs, poudres et allumettes chimiques.

Les tabacs, qui rapportent 335 millions, et les poudres à feu, qui produisent 13 millions 1/2, sont fabriqués par l'État et vendus avec un fort bénéfice qui constitue l'impôt ; il faut dégager le chiffre des bénéfices. La valeur du tabac (44 millions) et des frais de fabrication étant dans son ensemble de 65 millions, le bénéfice ou produit net s'élève à 270 millions. Le monopole, on le voit, est le moyen de tirer du tabac le maximum des produits qu'il peut fournir. C'est pour cette raison que, voulant imposer les allumettes chimiques, on les a mises en monopole. Seulement, l'État ne s'est pas chargé lui-même de la fabrication ; il l'a affermée à une compagnie qui exploite le droit exclusif de vendre des allumettes chimiques à des conditions ; qui sont supposées devoir produire, au profit du Trésor, 16,215,000 en 1881.

L'ensemble des droits de consommation — depuis les boissons jusqu'aux poudres et aux tabacs — font un total de 1,048 millions 1/2. J'aurai bientôt l'occasion de vous montrer le rôle important que ces droits jouent dans notre budget ; mais le temps presse et me force d'être très bref sur les Postes et les Télégraphes, administrations d'ailleurs bien connues. Le produit des postes est évalué à 109 millions 1/2 et celui des télégraphes à 26 1/2, chiffres dont il faut défalquer les frais d'exploitation pour connaître le montant de l'impôt. Il convient de dire que cet impôt peut être considéré comme la rénumération d'un service rendu. Celui qui ne se sert de la poste ni du télégraphe n'a rien à payer.

Nous avons passé en revue les domaines et forêts, les

contributions directes et indirectes, y compris les tabacs et
les postes ; je ne puis cependant passer sous silence deux
catégories de recettes dont les unes sont rangées sous la
rubrique de « *divers revenus* », les autres sous celle de
« *produits divers du budget* ». Les « divers revenus »
sont : 1° l'impôt de 3 0/0 sur le revenu des valeurs mobilières, impôt qui est au fond un impôt direct, mais qui est
perçu comme un impôt indirect (la taxe est censée imposée à la valeur, au papier, et non au possesseur). Cet impôt rapporte 36 millions 1/2 ; 2° les produits universi-
taires (ce qu'on paye dans les facultés, etc.), 4 millions 1/2;
3° le produit des amendes et condamnations pécuniaires,
un peu plus de 8 millions; 4° les produits et revenus de
l'Algérie, 28 millions 3/4 ; 5° les retenues, etc., pour pensions civiles, près de 20 millions. Cette dernière est une
pure recette d'ordre.

Les produits divers du budget sont au nombre de 68; je
viens de les compter, il est vrai, sans omettre les plus petits chiffres, j'ai même compté le mot « *mémoire* » comme
un chiffre, car c'est un revenu en espoir. Je fais allusion
ici aux chemins de fer de l'État qui ne rapportent encore
rien, et qui sont un « produit divers du budget ». Je vais
cependant relever quelques-uns de ces produits, intéressants à un titre ou un autre : bénéfice de la Caisse des dé-

pôts et consignations, 4,620,000 fr. ; produit des brevets d'invention, 1,800,000 fr. ; versements des volontaires d'un an, 10,395,000 fr. ; produit du travail dans les prisons, 5,355,000 fr. Il y a ensuite le produit des écoles du gouvernement de toutes sortes, dont les recettes (pensions payées par les élèves, etc.) s'élèvent à 2,240,000 fr. et des revenus variés, comme les 250,000 fr. que produit le droit d'entrée à l'exposition annuelle des œuvres des artistes vivants (vente du livret comprise). Ces produits divers font ensemble près de 51 millions 1/2.

Récapitulons maintenant les recettes dont il vient d'être question, de manière à former un *tableau des voies et moyens* de couvrir les dépenses :

| | |
|---|---:|
| Contributions directes......................... | 379,398,300 |
| Taxes assimilées ............................ | 23,407,670 |
| Enregistrement et timbres...... 60,458,000 | |
| — — domaine 15,000,700 | 675,458,700 |
| Forêts................................. | 38,102,600 |
| Douanes (et sel pour 17,971,000 fr.) ......... | 327,206,000 |
| Contributions indirectes (tabac compris)........ | 1,048,563,000 |
| Postes et télégraphes ...................... | 136,000,000 |
| Divers revenus............................. | 97,611,106 |
| Produits divers ........................... | 51,446,527 |
| | |
| Total des recettes ordinaires.......... | 2,777,193,903 |

Voilà donc le total des sommes demandées par l'État : 2 milliards 777 millions, et non seulement le pays les donne, il en verse même davantage. Vous savez, en effet, Mesdames et Messieurs, que, depuis quelques années, tous les ans il y a un notable excédent de recettes. Est-il possible d'expliquer un aussi fort excédent ? On pensera naturellement à l'augmentation de la population et à celle de la richesse, et, certes, voilà deux puissants agents de progrès ; mais, si nous n'avions que des contributions directes, et surtout des impôts de répartition, jamais nous n'aurions eu d'excédent. Quand on demande 100 millions et qu'on répartit 100 millions entre tous les contribuables, quelque soit leur nombre et quelque rapide que soit l'accroissement de leurs richesses, il ne peut pas rentrer plus de 100 millions, c'est impossible. Ce sont les impôts de quotité qui marquent les progrès, parce qu'ils ne détruisent pas la liberté des mouvements. Ici, le législateur ne dit pas aux contribuables : vous verserez 100 millions et rien de plus ni de moins, mais : vous donnerez tant par litre de vin, tant par kilogramme de sucre, tant par kilomètre de voyage, tant par acte, tant par consommation ; et, comme les actes se multiplient avec les affaires et les consommations avec la population et les richesses, les revenus s'accroissent sans efforts et produisent des excédents. Or le budget français renferme à peine 300 millions de revenus en impôt de répartition ; c'est un neuvième, et les 2,400 millions restants peuvent s'étendre à volonté.

. On reproche, il est vrai, aux contributions indirectes de n'être pas proportionnelles à la richesse ; mais cela ne s'applique qu'à une partie des droits et taxes. Ainsi les 660 millions de l'enregistrement et du timbre sont en grande partie proportionnels ; parmi les autres il en est encore beaucoup qui le sont également. Par exemple, le port d'une lettre est de 15 centimes pour le pauvre comme pour le millionnaire, mais celui-ci n'en écrira-t-il pas plus que celui-là ? En fait, c'est pour les affaires que les correspondances sont fortes ; il est des maisons qui dépensent des milliers de francs en timbres-poste, et d'autres au moins des centaines, selon l'importance des affaires, tandis que les lettres échangées par les membres d'une famille se comptent par unités ou par dizaines dans le courant d'une année. Autre exemple, le tabac : il y a des tabacs à tout prix ; or, l'un en fumera pour 25 centimes par jour et même moins, l'autre pour 3 fr. ou même 5 fr. chacun en proportion de sa fortune. Mais supposons que des consommations pour le moins inutiles, comme le tabac et l'eau-de-vie, ne renferment aucune proportionnalité, eh bien, je n'y verrais aucun mal, personne n'étant tenu de s'y habituer. Sommes-nous bien autorisés à rompre une lance en faveur de ceux qui achètent des inutilités ou même des consommations souvent nuisibles à la santé?

En résumé, ne critiquons pas trop durement un budget que nous supportons si aisément, qui est d'une élasticité merveilleuse et dont on peut réellement dire que l'Europe nous l'envie, car en connaissez-vous un autre qui ait donné au pays qui le supporte la brillante situation financière que nous avons en ce moment?

# VII

## Conversation sur la troisième conférence.

Gaston aurait voulu qu'on donnât une définition plus complète de ce qu'on entend par contributions directes. Il n'était pas content, d'ailleurs, de voir que l'impôt des 3 0/0 sur le revenu des valeurs mobilières ne fût pas compris parmi les impôts directs.

M. Duval lui fit remarquer que la définition était ici chose assez difficile. « L'économiste, ou le financier, qui n'envisage que l'effet de l'impôt, dira que la contribution directe est payée directement au Trésor par le contribuable qui la doit, tandis que la contribution indirecte est avancée par un intermédiaire qui la recouvre sur un contribuable. Le financier pourra donc considérer souvent l'enregistrement comme un impôt direct, car le Trésor le demande directement à celui qui le doit, et celui-ci le paye sans intermédiaire.

« L'administration, au contraire, se mettra au point de vue des besoins du service et de l'organisation des bureaux. Chaque fois qu'elle pourra envoyer des contrôleurs vérifier sur place la matière imposable et fixer le taux de l'impôt, car il s'agit d'une taxe *annuelle prévue,* la contribution sera directe, elle dressera des rôles ou listes de contribuables, et les percepteurs enverront les avertissements de payer. Quand la confection de listes sera inapplicable, c'est à une administration organisée par d'autres procédés qu'on devra s'adresser. Or, pour les valeurs mobilières, il est impossible de dresser des rôles : on ignore qui détient les actions ou obligations au porteur. On s'adresse donc à un intermédiaire, la commune ou la compagnie qui aura à payer les intérêts, et on leur demande d'avancer la somme, et de retenir sur chaque action ou obligation la part qui lui incombe. Pour le contribuable, pour le législateur, pour l'économiste-financier, ce sera un impôt sur le revenu, un impôt direct ; pour l'administration, ce sera — sinon réellement un impôt indirect — du moins un impôt perçu dans la forme indirecte par le service de l'enregistrement.

— Je réfléchirai à tout cela, dit Gaston ; maintenant je voudrais bien savoir pourquoi l'impôt foncier ne paie pas de centimes additionnels généraux ?

— Parce que les propriétaires se sont plaints d'être surchargés. Il paraît certain que l'impôt foncier n'est pas bien distribué ; mais il n'est pas moins certain qu'il faudrait un miracle pour réussir dans une tentative de peréquation ou d'égalisation. Les uns voudraient bien laisser réduire leur part de la charge, mais les autres ne voudraient pas laisser augmenter la leur ; comment, en pareil cas, les mettre de niveau ? En attendant, on a supprimé les centimes additionnels généraux pour les alléger. D'ailleurs les centimes aggravaient l'inégalité. L'État a montré sa bonne volonté.

— Il y a cependant des centimes additionnels départementaux et communaux, si je ne me trompe, fit observer Gaston.

— Tu ne te trompes pas, répondit son oncle. Les quatre contributions subissent des centimes spéciaux, d'après certaines règles fixées par les lois.

— Est-ce que les impôts indirects supportent aussi des centimes additionnels ? demanda Henri.

— Certainement. Cela a lieu généralement sous la forme d'un décime (10 centimes). On a voté aussi un demi décime (5 centimes), ou deux décimes. Il n'y a donc que 10, 15, 20 ou 25 centimes additionnels, jamais 4 ou 12 ou 16 ou un autre nombre pareil.

— J'aurais une autre question à poser, dit Gaston. Ce qui a été dit des domaines m'a paru un peu écourté, je voudrais bien en avoir une vue d'ensemble.

— C'est très facile, répondit M. Duval. Tu sais déjà que

l'État possède des forêts, et, en outre, des châteaux, des palais; on doit ajouter les musées, les bibliothèques et tout ce que l'État possède à titre de propriétaire, dans les mêmes conditions qu'un particulier. Il y a cependant encore une différence très essentielle : une propriété privée se prescrit au bout de 30 ans, un domaine de l'État ne se prescrit jamais.

— Cela veut dire ?

— Je suppose qu'un habitant de Monteau s'en va en Amérique; le navire fait naufrage, et le voyageur périt. Il possédait un champ. Un voisin voit ce champ abandonné et se met à le cultiver, en attendant que le propriétaire le réclame. Au bout de 20 ans, je suppose, ce cultivateur meurt à son tour, et son fils continue la culture du champ en question. Il n'en connaît pas autrement l'origine, il ne doute pas qu'il ait appartenu à son père. Quelque temps se passe encore, enfin il veut vendre ce champ. S'il prouve que sa famille l'a possédé 30 ans paisiblement et sans interruption, il y a prescription en sa faveur, le champ est considéré comme lui appartenant, parce qu'on ne peut pas remonter indéfiniment en arrière; il faut bien s'arrêter à une époque quelconque, la loi dit à 30 ans. Toutefois la chose n'est pas toujours aussi simple que cela, mais il fallait d'abord expliquer le mot prescription. Or, si ce champ avait appartenu à l'État, l'État aurait pu le revendiquer dans cent ans et au delà.

— Tu dis que la chose n'est pas aussi simple que cela?

— Beaucoup de cas sont possibles, tu les étudieras un jour, si tu veux, dans un ouvrage spécial ; je toucherai cependant à un cas, qui me ramènera à l'administration des domaines. Les 15,000,700 fr. dont il a été question dans la conférence renferment un chiffre de 1,200,000 fr. pour les « successions en deshérence ». Revenons à l'habitant de Monteau qui est parti pour l'Amérique et qui a péri en route. Il est possible que sa mort ait pu être constatée régulièrement, par exemple qu'on ait trouvé son corps porteur de papiers établissant son identité. En ce cas, selon les règlements, le maire de Monteau doit recevoir communication du fait, et dresser acte du décès. L'administration des domaines et de l'enregistrement doit prendre connaissance de tous les décès, pour voir s'il n'y a pas de droits de succession à acquitter. Si le défunt a des parents, on les invite à faire des déclarations ; s'il n'y en a pas, l'administration revendique l'héritage au nom de l'État. En l'absence de proches, l'État est l'héritier universel. On aurait trouvé le champ en question, qui est inscrit au moins au cadastre, puis chez le percepteur, ailleurs peut-être encore ; l'administration l'aurait affermé et aurait fait des publications dans les journaux pour avertir les parents inconnus. Si, au bout d'un temps prévu, personne ne se présente, l'État en prend possession : c'est un bien en deshérence, sans héritier. Je simplifie les cas tant que je puis pour faire comprendre l'idée.

— Et les 7,750,700 fr. d'aliénation d'objets mobiliers ?

— Dans les établissements de l'État il y a des meubles qui ont, de temps à autre, besoin d'être renouvelés ; on achète des objets neufs, mais que faire des vieux ? On les vend au profit de l'État, puisqu'il en est le propriétaire.

— Tout cela ne fait pas encore 15 millions.

— C'est vrai, mais les détails sont nombreux et peu intéressants. Ainsi, les bords de la mer appartiennent à l'État ; il permet à des particuliers d'y établir des pêcheries en leur imposant une redevance annuelle, ces redevances sont perçues comme produit du domaine public. Il est des pays où l'État possède des fermes, des mines et même des usines ; l'État français n'en possède pas, mais en y regardant de près, on pourrait ajouter aux 15 millions encore beaucoup d'autres sommes.

— Vraiment ! Et pourquoi ne le fait-on pas ?

— Les manufactures de tabacs, de porcelaine, de tapis, les fabriques de poudre à feu, les fonderies de canons, les

chantiers de construction et beaucoup d'autres établissements sont des domaines ; mais ces propriétés de l'État
ont des destinations qui priment la qualité de domaine,
on s'attache donc à la qualité principale et on perd de
vue le reste.

— Les manufactures de tabac servent à exploiter le
monopole ?

— Évidemment. L'État y fait fabriquer les cigares, le
tabac à fumer et à priser, etc.

— Mais d'où vient le tabac ?

— On en cultive en France, le reste vient de différents
pays, notamment d'Amérique. Des agents de l'administration l'achètent pour le compte de l'État.

— J'ai entendu dire, fait remarquer Gaston, que les
monopoles sont une mauvaise chose.

— Il ne faut pas s'attacher trop au sens littéral des
mots, mon neveu, dit M. Duval. Un monopole est généralement une mauvaise chose, par exemple quand c'est
un privilège accordé à un particulier dans son intérêt,
ou quand il ne rend aucun service et n'est pas nécessaire ;
mais un monopole, établi dans un intérêt général et au
profit de tous, peut n'être qu'un procédé de production et
de perception et parfaitement se justifier. Le monopole du
tabac est dans ce cas ; son principe a été souvent examiné,

et l'on y revient périodiquement, car le monopole n'est toujours autorisé que pour une série d'années. C'est à l'aide du monopole que le revenu produit par le tabac est si élevé et qu'on évite la fraude, du moins en grande partie.

— Je vois que le monopole se justifie quelquefois, mais je crois que généralement la concurrence vaudrait mieux.

— C'est mon avis aussi. Mais nous ne pouvons approfondir cette question, l'essentiel est de retenir que le monopole doit être une exception et qu'il ne doit avoir pour excuse que l'intérêt général. »

# VIII

## QUATRIÈME CONFÉRENCE

### ACCESSOIRES ET COMPLÉMENT DU BUDGET.

Mesdames et Messieurs,

Dans les séances antérieures j'ai cherché à faire connaître d'abord les principes généraux qui gouvernent le budget, puis, successivement, les dépenses qui incombent à l'État et les voies et moyens — revenus de toutes sortes — que le législateur met à la disposition du gouvernement pour les couvrir. Il me reste à compléter le tableau, car je n'ai parlé que des recettes et des dépenses *ordinaires,* et ce mot implique *l'extraordinaire.* Il est des personnes qui ont une répugnance à séparer les recettes et dépenses extraordinaires des recettes et dépenses ordinaires ; elles croient que cette séparation nous rend plus disposés à consentir à une dépense superflue ou même pire, parce qu'on se dit : ce n'est que pour une fois. On aurait donc voulu supprimer complètement le budget extraordinaire; mais on a toujours dû y revenir, par une circonstance ou une autre. Il y a cependant une différence essentielle entre les budgets extraordinaires d'il y a vingt ou trente ans et les « budgets des dépenses sur ressources extraordinaires » actuels. Autrefois on avait réservé certaines recettes pour former un budget des recettes extraordinaires, servant de contre-partie au budget des dépenses extraordinaires ; actuellemant les recettes sont fournies par l'emprunt, « par une émission de rentes 3 0/0 ». Or, il est impossible de faire figurer le produit de l'emprunt parmi les « voies et moyens ordinaires » ; l'emprunt est toujours un expédient, il doit être une exception. Cette fois-ci, les choses se passent chez nous de la manière la plus rationnelle possible, c'est-à-dire qu'on peut la justifier par la raison. Les fonds sont empruntés par un procédé qui renferme en lui-même le remboursement, la dette contractée n'est donc pas éternelle ; l'emploi de ces fonds est reproductif, ou du moins on espère qu'il le sera, c'est un placement. On pense que, lorsque les fonds empruntés auront été amortis, les choses qu'ils auront servi à établir continueront à rendre leurs services.

Eh bien, le « budget des dépenses sur ressources extraordinaires » proposé pour 1881 (les chiffres diffèrent d'une année à l'autre), est de 589,996,523 fr., et voici comment on entend le distribuer : au ministère des Finances, 1,500,000 fr., pour frais d'émission des rentes 3 0/0 amortissables nécessaires pour les besoins de l'année 1880 ; au ministère de l'Intérieur, 3,500,000 pour des travaux extraordinaires à exécuter en Algérie ; au ministère des Postes et Télégraphes, 7,800,000 pour établir des lignes télégraphiques souterraines ; au ministère de la Guerre, 103,100,000 pour reconstituer le matériel de la guerre ; au ministère de la Marine, 26,270,523 pour le matériel naval et les fortifications coloniales ; enfin, au ministère des Travaux publics 447,826,000 pour exécuter de « grands travaux publics ».

Deux ministères surtout, on vient de le voir, absorbent ce fonds spécial, et même l'un d'eux, le ministère de la Guerre semble devoir y avoir recours de moins en moins, car la reconstitution du matériel est probablement près d'être achevée. Restera le ministère des Travaux publics, dont l'un des ministres est d'ailleurs le vrai créateur du budget sur ressources extraordinaires. Il a prévu une dépense totale de 5 milliards à répartir sur une dizaine d'années et servant à l'amélioration des rivières, canaux, ports et surtout à la construction de chemins de fer.

Les dépenses extraordinaires sont des dépenses de

7

l'État, et l'on pourrait à la rigueur les ajouter aux chiffres du budget des dépenses ordinaires ; mais cette addition pourrait avoir ses inconvénients, en faisant apparaître le budget plus gros qu'il n'est en réalité. Mais ce qui n'est jamais permis, c'est d'ajouter au budget et de considérer comme recettes et dépenses de l'État les fonds départementaux et communaux qui figurent comme annexe au budget de l'État sous la rubrique de « budget des dépenses sur ressources spéciales ». Le total est de 413,494,254 fr., tant en recettes qu'en dépenses, et ici l'équilibre complet est plus facile à établir que dans un budget effectif. Dans un budget effectif, quel que soit le soin avec lequel on aura prévu les recettes et les dépenses, les prévisions seront toujours un peu démenties par l'imprévu ; mais il ne saurait en être ainsi pour les ressources spéciales, car ici l'État ne fait que percevoir d'un côté et verser de l'autre. La plus forte partie des ressources spéciales consiste en effet en centimes additionnels, lesquels sont naturellement perçus par les receveurs de l'État, en même temps que le principal de l'impôt, pour être versés ensuite aux caisses départementales et communales, à chacune ce qui lui est dû. Toutefois, les « ressources spéciales » comprennent aussi quelques articles comme les suivants que je cite à titre d'exemple : l'État perçoit

3 millions des chemins de fer, et il les emploie en frais de surveillance sur ces mêmes railways ; l'État perçoit l'impôt arabe qui est de 10 millions, mais 1/10 de cette somme est destiné aux chefs collecteurs; par conséquent, 9 millions seulement figurent au budget de l'État et 1 million au budget des ressources spéciales, parce que, encore une fois, l'État se borne à percevoir la somme pour la transmettre à qui de droit. C'est une inscription d'ordre et de régularité.

Il serait sans doute intéressant de nous arrêter sur les recettes et dépenses départementales et communales pour faire connaître en détail le système des budgets locaux ; mais cela me ferait sortir de mon cadre qui est uniquement le budget de l'État[1]. D'ailleurs, il y a un obstacle matériel, c'est que les « ressources spéciales » ne constituent pas la totalité des revenus communaux; je n'ai qu'à nommer l'octroi, et il y en a d'autres encore que les receveurs de l'État ne perçoivent pas, et qui, pour cette raison, ne figurent pas au budget; mais je reste dans mon cadre et passe à une nouvelle division de ce qu'on pourrait appeler l'agglomération budgétaire, je veux parler des « budgets rattachés pour ordre au budget général ». Ces

---

1. Voy. le budget départemental dans le volume LE DÉPARTEMENT et le budget communal dans le volume LA COMMUNE.

budgets rattachés sont des actes émanés d'établissements qui, quoique sous la dépendance du ministre, constituent des services séparés dirigés par des directeurs responsables. Je vais les faire passer sous vos yeux, en faisant remarquer que je n'aurai pas à vous nommer tous les établissements auxquels cette définition pourrait s'appliquer.

Ainsi, la Caisse des dépôts et consignations ne figure pas au budget, bien qu'elle ait tous les titres possibles à cet honneur. Elle n'en est pas moins sous la surveillance, soit du gouvernement, soit des Chambres; une commission spéciale fait les vérifications nécessaires. En n'inscrivant pas son budget parmi ceux qu'on a portés pour ordre comme annexes au budget général, on a voulu peut-être marquer qu'elle jouit d'une indépendance plus grande, ce qui ne ferait qu'augmenter sa responsabilité et celle de son directeur. Du reste, malgré son indépendance, la Caisse des dépôts et consignations se rattache par un fil au ministère des Finances; c'est ce ministre qui propose la nomination du directeur au président de la République. J'ajouterai en passant que les comptables de cette caisse sont justiciables de la Cour des comptes.

Un autre établissement dépendant du ministère des finances figure en tête de ceux dont les budgets sont rattachés au budget général, c'est le service de la *fabrication des monnaies et médailles*. Le montant total du budget, prévu en équilibre, est de 1,667,358 fr. Ici, l'équilibre entre les recettes et les dépenses est facile à prévoir, puisqu'il y a bénéfice. Quelques détails vous intéresseront sans doute. La fabrication des monnaies était autrefois affermée par l'État à des entrepreneurs, qui exploitaient à leurs risques et périls, mais sous une surveillance très stricte. Des commissaires spéciaux vérifiaient avec soin les monnaies. Ce système a paru présenter des inconvénients ; le travail étant d'ailleurs diminué par la cessation du monnayage de l'argent, on remplaça le système de l'entreprise par la régie. Les 1,667,358 fr. de recettes renferment 432,238 fr. comme prélèvement pour frais de fabrication ; 1,002,000 fr., qui sont les produits de la vente des médailles ; 200,000 fr. représentant le produit *brut* de l'émission des monnaies de bronze ; il y a encore quelques autres recettes moins importantes.

Il n'est question ici, Mesdames et Messieurs, que de monnaies de bronze ; les 200,000 fr. représentent 2 millions de pièces de 10 centimes, ou un nombre différent si une partie a été employé pour des pièces de 5 et de 1 centimes. Ces monnaies ne peuvent être fabriquées que pour le compte de l'État, car elles ont une valeur supérieure à celle du cuivre dont elles sont faites ; mais tout le monde peut faire fabriquer des monnaies d'or ; on apporte ses lingots et on retire les monnaies fabriquées ; tant vaut le lingot, tant valent les monnaies, plus les frais de fabrication qui sont très minimes. Ce sont ces frais que nous avons vus figurer en recettes pour 432,000 fr.

J'ai dit que les dépenses s'élèvent également à 1 million 667,358 fr. Voici comment elles se décomposent : dépenses d'administration et d'exploitation, 1,311,300 fr. ; service des monnaies de bronze, 87,000 fr. ; bénéfices, 269,058 fr. Selon les règlements établis, la moitié de cette somme, soit 134,529 fr., est versée au Trésor et figure en recettes parmi les « Produits divers du budget » ; nous avons fait connaissance avec eux ; l'autre moitié va renforcer le fonds capital de l'administration des Monnaies.

Au ministère de la justice sont annexés deux budgets spéciaux ; l'un est celui de l'Imprimerie nationale, l'autre celui de la Légion d'honneur.

L'*Imprimerie nationale* évalue, pour 1881, ses recettes à 6,245,000 fr., c'est le produit des impressions dont elle est chargée par le gouvernement ou par les différentes administrations. On sait que cet établissement remarquable et si bien organisé possède des types ou caractères représentant tous les systèmes d'écriture anciens et modernes; par cette raison, l'Imprimerie nationale est souvent autorisée à mettre ses presses à la disposition de la science. Les dépenses d'administration et d'exploitation de l'imprimerie s'élèvent à 6,079,150 fr. — Elle a un nombreux personnel d'employés et d'ouvriers et un matériel considérable. — Il lui reste donc un bénéfice de 165,850 fr. Suivant les règlements, 1/10 du bénéfice (16,585 fr.) est versé au Trésor au compte des « Profits divers », et 9/10 (149,265) viennent grossir le fonds capital de l'imprimerie nationale.

La *Légion d'honneur* a un budget dont le total est évalué pour 1881, tant en recettes qu'en dépenses, à 19 millions 198,200 fr. Les recettes se composent d'abord de sa dotation, un revenu en rentes 5 0/0 se montant à 6 millions 907,946 fr., puis d'un supplément à la dotation versé par l'État, 10,688,511 fr., ensuite de ce qu'on pourrait appeler le casuel : remboursement du prix des décorations et médailles militaires, 60,000 fr.; droits de brevets et droits de chancellerie, surtout pour port de décorations étrangères, 125,000 fr. ; montant présumé des pensions et trousseaux des élèves pensionnaires de la maison de Saint-Denis, 96,000 fr. ; des succursales, 30,000 fr., etc.

Parmi les dépenses, les deux plus fortes sont les traitements des membres de l'Ordre, 10,396,650 fr. et les traitements des médaillés militaires, 5,116,600 fr. On sait que les militaires décorés (et non les civils) reçoivent un traitement : il est de 100 fr. par an pour les médaillés, de 250 fr. pour la croix de chevalier, de 500 fr. pour l'officier, de 1,000 fr. pour le commandeur, de 2,000 fr. pour le grand-officier, de 3,000 pour le grand cordon. La grande chancellerie de la légion d'honneur est en outre chargée par deux lois de compléter certaines catégories de pensions militaires, dépense se montant à 1,975,000 fr. Les autres dépenses les plus importantes sont : l'administration de la grande chancellerie, personnel et matériel, 327,000 fr.; maison d'éducation de Saint-Denis, 602,000 fr. ; succursales, 400,000 fr., et en outre, bourses spéciales, 30,000 fr. ; viennent ensuite les frais de confection des décorations, les remises aux trésoriers, les dépenses accidentelles et les dépenses d'ordre.

Du ministère de la marine dépend la *Caisse des invalides de la marine*. C'est une très utile et en même temps très intéressante institution. Elle fournit une pension de retraite, non seulement aux marins de l'État, mais encore aux marins du commerce, en usant d'une douce violence, c'est-à-dire en retenant deux ou trois pour cent de leur traitement. Procédé qu'on se propose, dit-on, d'appliquer à l'ensemble des ouvriers pour leur assurer une retraite

dans la vieillesse. Les recettes de cette caisse se composent :
1º des retenues sur les dépenses du personnel et du matériel
de la marine et des colonies, 7,900,000 fr. ; des retenues sur
la solde des officiers et agents *en congé,* 275,000 fr.; des
retenues sur les salaires des marins de commerce, 1 million 550,000 fr.; 2º de la dotation en rentes 3 % et 5 % appartenant à la caisse, 5,127,692 fr.; 3º d'une subvention du
Trésor public de 13,600,000 fr.; 4º de diverses recettes plus
ou moins importantes (et de recettes d'ordre), qui complètent le montant total des revenus de la Caisse des invalides de la marine. Le chiffre de ce total des recettes est
de 29,075,000 fr. Nous le retrouvons aux dépenses, où il
se subdivise ainsi : pensions et *demi-soldes,* 27,000,000 fr.;
secours, frais d'administration et dépenses diverses, 2 millions 75,000 fr.

Il me reste à parler d'un dernier établissement, c'est
l'*École centrale des arts et manufactures.* Cette école a
été fondée par un particulier, M. Lavallée, lequel s'est
associé des savants célèbres qui l'ont aidé à la rendre florissante. Arrivé à un âge avancé, le fondateur l'a cédée à
l'État; mais elle n'a pas été confondue avec les autres
établissements ressortissant au département ministériel
compétent, le ministère de l'agriculture (de l'industrie) et
du commerce. Ses recettes s'élèvent à 516,000 fr., dont

40,000 fr. de rente, 30,000 fr. de bourses de l'État, 15,000 fr. de bourses départementales et communales ; les pensions des élèves rapportent 419,000 fr.; restent 12,000 fr. pour recettes diverses et éventuelles. Aux dépenses, le personnel figure pour 335,880 fr.; le matériel pour 110,000 fr., la réserve, etc., pour 70,120, ce qui fait un total de 516,000 fr., égal au chiffre des recettes.

Nous aurions ainsi, Mesdames et Messieurs, parcouru le budget général avec toutes ses annexes, non sans avoir été obligés de nous restreindre aux points les plus importants ou les plus saillants. Cette vue d'ensemble, tout le monde devrait désirer l'avoir, car LE budget, c'est NOTRE budget, c'est nous, les contribuables, qui remplissons les caisses, et c'est à notre profit, au mieux des intérêts collectifs des citoyens, que les dépenses sont faites. Par conséquent, personne ne peut dire : cela ne me regarde pas. Si, si, cela regarde chacun de nous. D'ailleurs, plus d'une fois, l'ignorance, dans laquelle un grand nombre de nos concitoyens vivent encore relativement aux matières financières, a empêché l'introduction de sérieuses améliorations dans notre système financier. Le gouvernement éprouvait des résistances auprès des contribuables, et, dans les cas que j'ai en vue, les résistances étaient un malentendu. Le moindre avantage de l'exposé que j'ai eu l'honneur de vous faire, c'est de vous faciliter l'intelligence des comptes-rendus de la Chambre et la lecture des documents parlementaires et administratifs, qui ne sont pas toujours aussi clairs, je voudrais pouvoir dire *aussi expliqués* par leurs auteurs qu'ils devraient l'être.

Récapitulons maintenant, je vais écrire les chiffres au tableau noir.

Nous avons passé en revue successivement les budgets suivants :

### ENSEMBLE DES BUDGETS.

|  | Recettes. | Dépenses. |
|---|---|---|
| Recettes et dépenses ordinaires....... | 2,777 millions | 2,773 millions |
| Dépenses sur ressources extraordinaires. | 590 — | 590 — |
| *Budget sur ressources spéciales.* (Fonds départementanx, communaux, etc.)... | 413 — | 413 — |
| *Budgets rattachés pour ordre*........... | 56 — | 56 — |

Je ne commettrai pas la faute d'additionner ces chiffres. Si je la commettais, voici ce qui en résulterait. Vous auriez sous les yeux un total des dépenses de 3,832 et un total des recettes de 3,836. Si par hasard il se trouvait parmi vous quelqu'un qui ne tînt pas à l'exactitude, qui est seule la vérité vraie, il s'écrierait : Le budget de la France est de 3 milliards huit cents millions ! Et j'aurais le droit de répondre : Cela n'est pas vrai. Ce démenti est suffisamment justifié par les explications qui précèdent, mais je les compléterai par quelques courtes observations. Celui qui parle d'un budget de 3,836,000,000 fr., divisera volontiers ce chiffre par le nombre des habitants et dira que chacun des 37 millions de Français verse aux caisses publique 100 et quelques francs par an. Pour une famille de 5 personnes cela ferait plus de 500 fr., et il se trouvera des hommes ingénieux qui démontreront que, dans les campagnes, on trouve des familles ayant pour tout revenu 6 ou 700 fr., par an, et sauront vous apitoyer sur le sort « des nombreuses populations » auxquelles le fisc extorque les 5/6 (ou une autre forte fraction) de leur revenu. Et l'on saura parfois rendre très éloquentes ces démonstrations. Mais l'éloquence ne va pas toujours avec la vérité. Il s'en faut même de beaucoup.

Je crois donc devoir, non seulement vous prémunir contre ces entreprises sur vos sentiments, mais encore vous armer d'arguments pour pouvoir résister à ces assauts. Procédons par voie d'élagage. Les budgets rattachés pour ordre au budget général renferment-ils un centime d'impôts ? Quand un banquier fait frapper des pièces d'or à la Monnaie, et paye à l'État des frais de fabrication, c'est une recette que le Trésor enregistre ; il enregistre même l'entrée et la sortie de l'or, de même que l'Imprimerie nationale compte en recettes et dépenses le papier et le travail qu'elle paye et qu'on lui rembourse, mais ce n'est pas une charge du contribuable. Il en est de même lorsqu'on paye à l'Imprimerie nationale une impression quelconque. Et les pensions qu'acquittent les élèves des écoles de la Légion d'honneur? Tenez, le budget de cette institution renferme, dans le nombre, deux chiffres qui me dispenseront d'en citer d'autres. La Légion d'honneur possède une fortune (dotation) de près de 7 millions de rentes, ce n'est donc pas l'impôt qui les paye; elle reçoit aussi une subvention de 10 millions de l'État. Ces 10 millions sont fournis par l'impôt, mais cet impôt figure déjà au budget général; si vous comptez ces 10 millions dans un budget spécial, vous les comptez double, cela fait 20 millions, ce qui est évidemment un chiffre faux.

Je vous demande pardon, Mesdames et Messieurs, de tant insister sur des vérités aussi évidentes ; mais, s'il y a des personnes qui s'obstinent à soutenir que 2 et 2 font 5, il faut bien que je fasse des efforts répétés pour prouver que 2 et 2 font 4.

Le budget sur ressource spéciale est en majeure partie fourni par l'impôt, mais ce ne sont pas des fonds de l'État. Il n'est pas permis de confondre la caisse de l'État et la caisse communale, bien que le même contribuable remplisse l'une et l'autre. Je suis encore obligé de prouver que 2 et 2 font 4 !!! Vous achetez bien, en prenant l'argent dans le même porte-monnaie, un chapeau et des souliers: cela vous donne-t-il le droit de les confondre, de couvrir votre chef avec les souliers et de forcer vos pieds d'entrer dans le chapeau? Je n'ignore pas qu'il y a encore un procédé que vous pouvez exploiter en votre faveur, c'est celui de certains statisticiens qui disent 1 cheval et 1 mouton font 2 animaux, ce qui est arithmétiquement exact; mais ce procédé méconnaît la différence assez sensible qu'il y a entre le mouton et le cheval. On pourra donc à la rigueur dire: Je ne confonds pas du tout la caisse de l'État avec celle des communes, mais je puis bien additionner les diverses charges du contribuable. Cela se peut, sans doute; cela soulève cependant deux objections au moins.

La première, c'est que vous ne représentez pas exactement ainsi les charges du contribuable français, et je me contenterai de vous en donner une seule preuve. Prenez un budget ou un compte des recettes de la ville de Paris, et vous verrez que, sur un total de 200 et une trentaine de millions, il n'y a que 23 ou 24 millions (centimes addit.) qui sont compris dans le budget des ressources spéciales. Votre chiffre serait donc faux. Voici maintenant une objection d'un autre caractère. Dans aucun autre pays les revenus départementaux et communaux ne sont confondus avec les revenus de l'État; cependant, on fait de très fréquentes comparaisons entre les chiffres qui s'appliquent à la France et ceux qui concernent les autres pays ; si vous maintenez la confusion, la comparaison nous sera toujours, par notre faute, injustement défavorable, ce qui, à un moment donné, pourrait nous causer de sérieux préjudices en diminuant notre crédit.

Ainsi donc, nous omettons les ressources spéciales ; mais il faut aussi omettre les ressources extraordinaires, puisque c'est le produit d'un emprunt ; aucun contribuable n'a payé cet emprunt (je suis encore obligé de prouver que 2 et 2 font 4), donc vous ne pouvez le lui imputer.

Reste le budget des dépenses ordinaires, duquel il faut encore, pour connaître les charges du contribuable retrancher les forêts, les domaines, le tabac (matière première), les retenues pour retraites et autres chiffres qui ne représentent pas des impôts, c'est au moins 200 millions, et, avec les postes et télégraphes, 336 millions ; il reste donc environ 2,440 millions à répartir entre les 37 millions de Français, cela fera presque 66 fr. par tête et 330 par famille de cinq personnes. Ce chiffre-là, vous pourrez le mettre en regard de chiffres analogues établis dans les pays étrangers, ou aussi, établis en France à d'autres époques. C'est là l'unique emploi utile, vous entendez, Mesdames et Messieurs, l'unique emploi utile ou raisonnable qu'on peut en faire, car ce chiffre ne représente nullement un chiffre réel, il représente un chiffre abstrait, un chiffre qu'on trouve par le calcul, et qui suppose qu'il n'y a pas de différence entre les hommes. En fait, et cela dans tous les pays, le grand nombre paye peu par individu, les classes moyennes, davantage ; les riches, beaucoup. J'ai essayé, dans une autre circonstance, de faire la part des diverses classes de contribuables et j'ai vu qu'il y avait une proportionnalité plus grande que l'on ne croit entre les revenus et l'impôt [1].

Il ne sera peut-être pas sans utilité de m'arrêter un moment, avant de terminer, sur une manière de répartir les revenus de l'État d'après ses sources. Cette répartition est très difficile, car, le plus souvent, il faut apprécier, évaluer, sans que l'on puisse s'appuyer sur des données bien solides. Les uns voudraient savoir quelle est la charge des propriétés, des affaires et de la consommation. D'autres mettent ici l'agriculture au lieu de la propriété, et ajoutent les valeurs mobilières et les

1. Voy. Block, *Statistique de la France* (Paris, Guillaumin), t. I<sup>er</sup>, p. 409.

revenus mobiliers. J'ai fait, pour contenter les uns et les autres, un essai de répartition par à peu près et j'ai trouvé ce qui suit, en sommes rondes :

| | |
|---|---|
| Les propriétés fournissent (ou supportent)....... | 670 millions |
| Les valeurs mobilières et revenus mobiliers.... | 340 » |
| Les affaires...... .................... | 440 » |
| Les consommations........................ | 1,000 » |

Total..... 2,450 millions

Un calcul, dans lequel j'ai substitué le mot agriculture au mot propriétés, a donné une somme analogue ; j'avais défalqué l'impôt foncier relatif aux maisons en le remplaçant par d'autres chiffres que je lui attribuais. Mais, encore une fois, je n'attache qu'une très faible valeur à ces chiffres, et je n'ai entrepris ces calculs que pour contrôler ceux des autres et pour constater combien il est difficile — je dirais volontiers impossible — de faire une répartition quelque peu sérieuse. Méfiez-vous donc de tous les chiffres qu'on vous présentera ainsi classés et rubriqués, d'autant plus que vous en rencontrerez qu'on a arrangés pour les besoins d'une cause.

Pénétrons-nous bien de cette idée que, s'il est désirable que chacun paye l'impôt exactement dans la proportion de ses revenus, « selon ses moyens, » il est extrêmement difficile de réaliser ce *desideratum*. On rencontre trop d'obstacles dans la résistance des intérêts (les méchants disent : dans l'égoïsme) et l'ignorance de la plupart des contribuables. Mais le législateur est incessamment occupé à améliorer notre système d'impôt ; il le perfectionne peu à peu, et ce qu'il a déjà obtenu est un gage qui nous assure des progrès futurs.

# IX

## Conversation sur la quatrième Conférence.

M. Duval avait été frappé de l'insistance avec laquelle le conférencier avait parlé contre la confusion qu'on établit souvent entre les différents budgets, confusion qui, lorsqu'elle n'est pas simplement l'effet de l'ignorance, provient du désir qu'on a d'étonner par la grosseur des chiffres. Oui, on aime beaucoup produire de l'étonnement; la vanité y trouve son compte, car on espère qu'il se mêlera une pointe d'admiration à l'étonnement. Mais cette tendance est dangereuse parce qu'elle répand des notions inexactes ; elle a d'ailleurs quelquefois pour résultat de faire passer les exagérations pour de la hâblerie. « Quelle excellente chose que la précision, s'écria M. Duval en terminant, et en même temps quelle chose rare !

— Moi aussi, dit Gaston, j'aime beaucoup la précision, et l'on sentait bien, en écoutant le conférencier, qu'il avait le même goût; mais il me semble qu'il a passé beaucoup trop rapidement sur une chose que mon père considère comme très importante, l'équilibre budgétaire.

Il l'a à peine nommé en passant, j'ai dû saisir le mot au vol. Il est vrai que je n'ai pas pu faire plus ample connaissance avec la chose que le mot représente lorsque j'écoutais les conversations de mon père, car il en parlait comme si tout le monde savait ce que c'est. Quant à moi, je n'en ai qu'une idée vague.

— Et moi, dit Henri, je trouve la chose très simple : l'équilibre du budget, c'est l'égalité des recettes et des dépenses.

— M. de La Palisse n'aurait pas mieux répondu, dit M. Duval en riant. Gaston, continua-t-il, sait très bien que l'équilibre est l'équilibre ; mais, comme on ne peut prévoir, soit les recettes, soit les dépenses, que d'une manière approximative, il doit s'établir souvent des écarts entre les deux chiffres, et, quand l'un des plateaux de la balance s'élève, nécessairement l'autre descend, et voilà l'équilibre rompu. Eh bien, procédons par ordre. Deux cas peuvent se présenter :

— Il y a excédent de recette, ou excédent de dépense, dit Gaston.

— Très bien. Les causes peuvent être variées, mais ne les recherchons pas. Tenons-nous-en au fait. Quand il y a excédent de recette, la situation est excellente, on n'a qu'à se demander : que ferons-nous de notre superflu ? On peut l'employer à payer des dettes, c'est un *très bon* emploi ; on peut préférer « dégrever », c'est-à-dire diminuer les impôts les plus incommodes, c'est encore un *bon* emploi ; on peut aussi mettre les fonds en réserve pour les mauvais jours, ce qui doit être considéré comme un *assez bon* emploi. Ajoutons qu'on peut utiliser l'excédent pour faire une dépense extraordinaire, ce qui est un *médiocre* emploi. Je n'ai aucune préférence absolue pour l'un de ces emplois, le choix dépend des circonstances ; mais ce qu'on ne doit pas faire, c'est d'établir comme contrepoids à l'excédent de recettes une dépense permanente : ce serait un *très mauvais* emploi.

— Voyons maintenant l'excédent de dépenses, le déficit ?

— C'est en effet de ce côté que les difficultés deviennent sérieuses. On a le choix entre différents moyens qu'on applique simultanément ou isolément selon les circonstances ; on diminue les dépenses, on augmente les impôts, et, si l'excédent est fort et d'une nature accidentelle, on contracte un emprunt.

— Ne parlons ni de la diminution des dépenses, ni de l'augmentation des impôts ; ces moyens sont les plus simples lorsqu'ils sont possibles, et n'exigent aucune explication. Mais l'emprunt ! Ce n'est pas une émission de rente ?

— La rente est un moyen extrême, on doit y avoir rarement recours dans les États bien administrés. Les États qui puisent trop souvent à cette source se ruinent et cessent de payer leurs intérêts. Un premier moyen de se procurer de l'argent, c'est d'émettre des bons du Trésor; c'est créer une dette à court terme. Il y a des bons portant intérêts qui échoient dans 3 mois, 6 mois, 1 an, 2 ans et au delà. L'émission des bons du Trésor est à la fois autorisée et limitée par la Chambre ; il en faut tous les ans, ne serait-ce qu'au commencement de l'année, avant que les impôts soient rentrés en quantités suffisantes. Ces bons sont remboursés avec les fonds perçus par les trésoriers-payeurs généraux.

— Est-ce cela qu'on appelle : le mouvement des fonds ?

— Pas précisément, quoique tout se tienne en ces matières. Le mouvement des fonds est la combinaison au moyen de laquelle le ministère des finances répartit sur tout le territoire de la France les fonds nécessaires à la marche régulière des services. Il est évident que les villes et les départements riches fournissent au Trésor plus de revenus que le montant des dépenses à faire dans les localités voisines, et il y a des circonscriptions pauvres qui ne se suffisent pas. L'État, d'ailleurs, n'a pas réparti ces établissements d'après la richesse des départements, mais selon les nécessités de la nature des choses ; par exemple il ne pourra pas avoir un chantier de construction maritime à Nancy. Or, le ministre des finances est renseigné jour par jour sur les fonds existants chez tous les trésoriers et receveurs ; l'État a constamment aussi un dépôt à la Banque de France, le ministre n'a donc qu'à faire transporter des fonds de l'endroit où il y a excédent à l'endroit où il y a déficit.

— Ce mot me rappelle, dit Gaston, que nous nous sommes un peu éloignés de notre ligne, car je ne sais pas encore bien ce qu'on fait, en cas d'excédent de dépenses.

— J'ai cependant indiqué trois moyens, le troisième — l'emprunt — avec quelques restrictions. Je vais maintenant préciser davantage. Parmi les dettes que le gouvernement peut contracter, il en est une que l'on appelle la dette flottante ; c'est elle qui supporte les déficits petits et moyens, et l'on n'a recours à un emprunt en règle — par une émission de rente — que pour « consolider une partie de la dette flottante ».

— Dette flottante ? Est-ce une dette qu'on ne paye pas ?

— Par exemple ! Un pays honnête paye toutes ses dettes. *Flottante* veut dire, généralement, que le créancier peut demander le payement de sa dette à chaque instant. Le créancier de la dette consolidée ne peut pas en demander le remboursement, on ne lui doit que la rente ; il y a aussi nombre de dettes (des obligations, etc.) qui ne sont payables qu'à des époques déterminées, souvent lointaines. Mais la dette flottante n'est pas à terme, elle est toujours échue. Les bons qui échoient dans quelques semaines peuvent être considérés, pratiquement, comme d'une échéance immédiate.

— Je voudrais bien connaître quelques dettes flottantes.

— Tu connais la Caisse d'épargne. Tu sais qu'on y dépose de l'argent, qu'on peut redemander à volonté. Tous les fonds versés à la Caisse d'épargne sont transmis au Trésor (caisse des dépôts et consignations), qui accumule ainsi de nombreux millions. Il doit même fournir 4 0/0 des capitaux qu'on lui confie ainsi. Pour trouver ces intérêts, il achète de la rente ; mais il ne peut pas employer la somme entière qu'il reçoit, car il doit en avoir toujours de disponible pour les retraits de fonds. La somme disponible est actuellement de 195 millions, c'est une dette flottante. Les communes et les départements déposent des fonds en compte-courant au Trésor, 266 millions ; les trésoriers-payeurs sont créanciers de plus de 100 millions...

— Comment peuvent-ils être créanciers ?

— Voici comment : pour assurer l'ordre et la régularité des services, le Trésor débite chaque mois le trésorier-payeur d'un douzième de ce qu'il doit fournir dans l'année et le charge de l'intérêt qui serait dû par les sommes en retard. En revanche, si le trésorier a perçu plus qu'il ne doit au Trésor à un moment donné, on l'en crédite et on lui paye l'intérêt dû pour l'excédent. Eh bien, comme le contribuable est toujours en avance, en France, le trésorier est plus souvent créancier que débiteur; mais l'intérêt qu'il reçoit n'est pas très élevé.

— Le total de la dette flottante, à combien se monte-t-il ?

— Selon le projet de budget de 1881, à 958 millions de francs. Je vois sur la même page une somme de 794 millions dits fonds de liquidation ; mais ce n'est pas là une dette flottante, puisque l'échéance des fonds (en obligations) est répartie sur six années et que les échéances sont ainsi à date fixe. Ces sommes ne sont donc pas remboursables sur demande. Mais 958 millions constituent déjà une belle somme...

— Où figure-t-elle dans le budget ?

— Parmi les « capitaux remboursables » et seulement pour le montant des intérêts annuels, 30,440,000 fr. Le montant du capital est cependant important, puisque de grandes sommes peuvent être redemandées subitement par leurs propriétaires et mettre le gouvernement dans l'embarras. Seulement de pareilles demandes ne surgissent que dans les circonstances exceptionnelles.

J'arrive maintenant au point qui préoccupait Gaston, l'équilibre : comment fait-on quand il y a un déficit ? Puisque les dépenses dépassent les recettes, avec quoi le gouvernement paye-t-il ? Car il ne peut pas répondre à un créancier : je n'ai pas d'argent.

— Il emprunte à la dette flottante ? Mais comment ?

— On dit : il met la somme à la charge de la dette flottante. On dépose, à la caisse du Trésor, des sommes importantes pour lesquelles un intérêt est dû ; puisqu'il paye un intérêt, l'État peut donc se servir du capital, pourvu qu'il soit en mesure de le rembourser sur demande. Dans ce système, lorsqu'un créancier est payé, la dette n'est pas éteinte, elle est seulement déplacée : l'État devait au fournisseur, il l'a payé avec le dépôt, il doit maintenant au déposant, et, comme pour cette dette il n'y a pas de couverture, c'est « un découvert ». Le montant des découverts qui sont ainsi accumulés depuis 40 ou 50 ans est de 809 millions. Je n'aime pas trop ce système ; mais il n'a pas déplu aux nombreux législateurs qui se sont succédé depuis un siècle, j'en conclus que j'ai tort.

Arrêtons-nous là, mes enfants ; je crois que vous êtes

maintenant en état de lire le gros volume bleu que voici et de comprendre les discussions financières ; vous serez d'avis, je pense, que, si cette étude exige beaucoup d'attention, elle n'est pas aussi dénuée d'intérêt qu'on le croit avant d'en avoir goûté. »

FIN.

# TABLE ALPHABÉTIQUE DES MATIÈRES

Chateauroux. — Typog. et Stéreotyp. A. Nuret et fils; MAJESTÉ Sucr.

www.ingramcontent.com/pod-product-compliance
Lightning Source LLC
Chambersburg PA
CBHW060821250626
47162CB00005B/1891